Adolph Kohut
Freimaurische Studien und Skizzen in Vergangenheit und Gegenwart

SEVERUS

Kohut, Adolph: Freimaurische Studien und Skizzen in Vergangenheit und Gegenwart
Hamburg, SEVERUS Verlag 2013
Nachdruck der Originalausgabe von 1911

ISBN: 978-3-86347-601-4
Druck: SEVERUS Verlag, Hamburg, 2013

Der SEVERUS Verlag ist ein Imprint der Diplomica Verlag GmbH.

Bibliografische Information der Deutschen Nationalbibliothek:
Die Deutsche Nationalbibliothek verzeichnet diese Publikation in der Deutschen Nationalbibliografie; detaillierte bibliografische Daten sind im Internet über http://dnb.d-nb.de abrufbar.

© **SEVERUS Verlag**
http://www.severus-verlag.de, Hamburg 2013
Printed in Germany
Alle Rechte vorbehalten.

Der SEVERUS Verlag übernimmt keine juristische Verantwortung oder irgendeine Haftung für evtl. fehlerhafte Angaben und deren Folgen.

Dr. Adolph Kohut

Freimaurerische Studien und Skizzen in Vergangenheit und Gegenwart

Inhaltsverzeichnis.

	Seite
Vorwort.	VII
1. W. A. Mozart als Freimaurer	11
2. Christian Gottfried Körner über den Beruf des Maurertums	45
3. Königin Luise von Preußen und die Freimaurerei	79
4. Eine Verordnung Kaiser Josephs II von Oesterreich betreffs der Freimaurer und die Schriften für und gegen	93
5. Friedrich Rückert als Freimaurer	111
6. Ferdinand Freiligrath als Freimaurer	123
7. Der Kampf der Ultramontanen gegen das Maurertum	139
8. Die Freimaurer und die Frauen	151

Vorwort.

Wenn auch das freimaurerische Leben in der Gegenwart nicht mehr wie zu den Zeiten unserer Väter und Großväter im Mittelpunkt des allgemeinen Interesses steht und auch nur noch teilweise mit dem Schleier des Geheimnisvollen umwoben ist, so bietet doch das Maurertum in geschichtlicher und kulturhistorischer Beziehung noch immer viel des Interessanten und Lehrreichen. Ich wage daher zu hoffen, daß eine Schrift, die besonders bezeichnende und wichtige Momente aus dem Wirken und Schaffen einer einst so weltberühmten und einflußreichen Vereinigung enthält, auf besondere Beachtung aller Kreise der Gebildeten rechnen darf.

Meine „Freimaurerischen Studien und Skizzen aus Vergangenheit und Gegenwart" werden meines Erachtens um so willkommener sein, als sie durchaus objektiv und unparteiisch gehalten sind. Als Nicht-Maurer und Nicht-Bruder, wenn auch die edlen Grundsätze der Duldung, Humanität, Wohltätigkeit und Nächstenliebe der Loge durchaus teilend, brauche ich nicht auf die Worte des Meisters zu schwören, um mir in der Darstellung und Schilderung der einen oder anderen bemerkenswerten geschichtlichen sowie kultur- und literar-historischen Geschehnisse Zwang aufzuerlegen.

Die meisten Schriften, die bisher über Maurerei erschienen sind, bezw. erscheinen, rühren entweder von Brüdern her, die ängstlich jedes Wort auf die Wagschale legen müssen, damit sie nicht mit der Loge in Konflikt geraten, oder gehen von Feinden des Ordens aus. Es wäre zu wünschen, daß mein Vorgehen Nacheiferung fände und daß diejenigen Schriftsteller, die, wie ich, mit der Geschichte, der Entstehung, der Entwickelung und der Blüte des Maurertums genau vertraut sind, volkstümliche Werke veröffentlichen möchten, die keinem zu lieb und keinem zu leid ausschließlich die Wahrheit verkünden, damit das herrliche Wort des glorreichen, gekrönten Maurers, des Königs und Kaisers Wilhelm I., in Erfüllung gehe: „Es bleibt für die Freimaurer immer die Hauptsache, daß sie die Lehren des Ordens, die sie in der Loge empfangen, auch in ihren äußeren Lebensverhältnissen praktisch ausüben und sich bemühen, die guten Grundsätze zu verbreiten, die ihnen durch diese Lehren eingeprägt sind."

Möchte in dem Sinne des einstigen unsterblichen Protektors der drei preußischen Landeslogen in allen Schichten des deutschen Volkes die Überzeugung sich Bahn brechen, daß man Maurer sein kann, ohne dem Orden anzugehören, wenn man eben jene Grundsätze des Edlen, Guten und Schönen, die der Orden lehrt, mit ganzem Herzen und ganzer Seele praktisch betätigt. „Cucullus non facit monachum", — „Nicht die Kutte macht den Mönch", — d. h. die Zugehörigkeit zu einer Vereinigung oder Gesellschaft allein genügt nicht, um als human, gerecht und vorurteilslos zu gelten, sondern dazu gehört in erster Linie der reine Wille, die Heiligung des Herzens und die Befolgung jener hehren Ethik, der nichts menschliches fremd ist.

Friedenau, im September 1911.

Dr. Adolph Kohut.

W. A. Mozart als Freimaurer

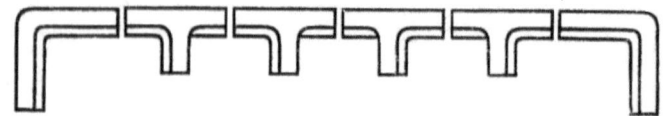

Über die „Zauberflöte", dieses letzte klassische Bühnenwerk des unsterblichen Komponisten W. A. Mozart, ist schon sehr viel geschrieben worden. Der quellende Melodien-Reichtum, die Fülle der Empfindungen, die bezaubernde Harmonie und die künstlerische Reife verleihen dieser Oper des Meisters einen hohen Reiz und dadurch auch die Unsterblichkeit. Am 1. September 1791 fand die erste Aufführung im Theater „auf der Wieden" in Wien statt. Aber obschon 119 Jahre seitdem verflossen sind, mutet uns die „Zauberflöte", wenn wir sie hören, stets als eine Novität, als eine neue, frische Schöpfung, als wenn soeben erst der Genius geboren hätte, an. Noch immer gilt diese Oper als eine der erhabensten Schöpfungen des menschlichen Geistes. „Die Quintessenz aller edelsten Blüten der Kunst," so schreibt Richard Wagner über sie, „scheint hier zu einer einzigen Blume vereint und verschmolzen zu sein. Welche ungezwungene und zugleich edle Popularität in jeder Melodie, von der einfachsten bis zur gewaltigsten! In der Tat, das Genie tat hier fast einen zu großen Riesenschritt, indem es die deutsche Oper erschuf, stellte es zugleich das vollendetste Meisterstück derselben hin, das unmöglich übertroffen, ja dessen Genre nicht einmal mehr erweitert und fortgesetzt werden konnte."

Wie über die Musik selbst eine Legion von mehr oder weniger bedeutenden und umfangreichen kritischen Schriften und Abhandlungen vorhanden ist, so hat man auch über den Text und den Text-Dichter, den Freund Mozarts, den Schauspieler und Theaterdirektor E m a n u e l S c h i k a n e d e r, sehr viel geschrieben. Während die einen das Libretto als ein schwaches Erzeugnis eines mittelmäßigen Textfabrikanten, der allerlei unziemliche Spässe zum besten gibt, finden, können die anderen nicht Worte genug entdecken, um die phantasiereiche und poesievolle Erfindung des Verfassers zu rühmen.

Neuere Forscher haben sogar dem armen Schikaneder die Urheberschaft des Textes abgesprochen, indem sie behaupten, daß nicht er, sondern Carl Ludwig Giesecke (alias Metzler), damals ein Chor-Sänger der Schikaneder'schen Truppe, den Text verfaßt habe. Gieseckes Arbeit, der das Märchen Lulu oder die Zauberflöte aus Wielands Dchinistan zugrunde gelegen habe, sei von Schikaneder zum größten Teil benutzt, hier und da verändert und mit herb komischen Zutaten versehen worden. Schikaneder habe endlich noch das gefiederte Paar Papageno und Papagena hinzugefügt und dann das ganze als sein Werk erklärt und auch öffentlich gepriesen. Doch ist die hier ausgesprochene Hypothese keineswegs als mathematische Wahrheit beglaubigt, wenn man auch zugeben muß, daß Schikaneder das Gute annektierte, wo er es fand und mit dem geistigen Eigentum anderer es nicht sehr genau nahm. Jedenfalls steht es fest, daß die ursprüngliche Grundlage des Librettos ein einfaches Zaubermärchen war, das von einer schönen Königstochter, die geraubt wurde, erzählt und das von einem gleich schönen Prinzen, der sie entführte, zu berichten wußte. Aus dieser phantastischen Geschichte hat der Text-Dichter immerhin ein sehr wirksames und effektvolles Libretto gemacht, das freilich, wäre es nicht von dem Genie eines Mozart musikalisch illustriert und so herrlich vertont worden, keineswegs auf die Zeitgenossen und auch auf kommende Geschlechter bis auf den heutigen Tag einen so tiefen und nachhaltigen Eindruck hervorgerufen hätte.

Daß die „Zauberflöte" ein echt freimaurerisches Erzeugnis ist und es dem Meister ein seelisches Bedürfnis war, seinen freimaurerischen Ideen im Gewande der Musik einen weihe- und pietätvollen Ausdruck zu geben, ist unbestreitbar. Mit Recht hat schon einer der Biographen Mozarts, Otto Jahn, in seiner Beurteilung der Zauberflöte gesagt, daß wie hoch oder wie gering man auch den Wert der freimaurerischen Ansichten, die in dieser Oper in Mysterien der Isis hinübergeheimnist seien, anschlagen möge, für den Komponisten seien sie ohne Zweifel ein Motiv gewesen, diese Partie mit tiefstem Ernst abzufassen und die hohe Würde, der leuchtende Glanz, wodurch die Musik die Symbolik dieser Mysterien erklärt, haben innerlich in der innigen Hingebung des Komponisten an die freimaurerischen Ideen ihren Grund gehabt. W. A. Mozart war ein echter, rechter und überzeugter Freimaurer und gerade die philosophischen

Ideen und Betrachtungen, die Emanuel Schikaneder als Text-Dichter zum besten gibt, haben ihn außerordentlich gereizt, dem Maurertum, das ihm als das Heiligste und Weihevollste im Leben erschien, tonkünstlerisch zu huldigen. Nur wenn man von diesem Gesichtspunkte ausgeht, ist es möglich, den Text der Zauberflöte zu verstehen. Mozart, der in der tiefsten Seele überzeugt war, daß der Freimaurerorden zur edelsten Menschenliebe und zur innigsten Freundschaft leite, hat mit aller Wärme und Innigkeit, mit ergreifender Schönheit und Einfachheit, als könnte es eben nicht anders ausgedrückt werden, jene Ideen und Gefühle, die Schikaneder in Worte zu kleiden suchte, in Musik gesetzt und auf solche Weise den edlen und hohen menschlichen Empfindungen, die in seinem eigenen Herzen lebten, künstlerischen Ausdruck gegeben.

Wir wissen alle, daß W. A. Mozart ein kindlich reines Gemüt hatte, auf das die lauteren und erhabenen Lehren der Freimaurerei mächtig einwirkten. In dem Tempel, in der Bauhütte, fand er die Befriedigung seiner höheren geistigen und gesellschaftlichen Bedürfnisse. Seine echte Humanität, sein warmes Mitgefühl für menschliche Leiden und Freuden, der gewaltig in ihm lebende Drang zu helfen und wohlzutun, alles machte seine Seele für das Maurertum empfänglich.

Als Künstler ganz Musik und als Mensch ganz Liebe, fühlte er sich am wohlsten in einem Kreis von frei und edel gesinnten Männern, denen er sich vollständig frei und rückhaltslos anschließen konnte. Glücklicherweise bildeten die Freimaurer zu jener Zeit in Wien eine Gesellschaft, der die bedeutendsten und gebildetsten Männer der Stadt an der schönen blauen Donau angehörten. Auch das geheimnisvolle und symbolische des Bundes zog seinen Geist magisch an und wirkte auf seine rege Phantasie befruchtend. In der leichtlebigen Phäaken-Stadt mußten ihm Männer imponieren, die in ernster und eindringlicher Weise nicht nur über die höchsten Probleme des Daseins, des Staats und der Gesellschaft nachdachten, sondern sie auch theoretisch und praktisch zu lösen beflissen waren.

Über welch heiteres, frohes und humoristisches Naturell er auch verfügte, war er doch im Kern seines Wesens eine philosophische und grüblerische Natur und die höchsten Fragen zu lösen und den Urgrund der Dinge zu erforschen, hatte für ihn etwas unendlich Anziehendes.

So kam es denn, daß er als Bruder der **Wiener Loge „Zur gekrönten Hoffnung"** beitrat und sich an der Logenarbeit eifrig beteiligte. Hier lernte er auch u. a. den Librettisten der Zauberflöte Emanuel Schikaneder kennen.

Wie ernst und eifrig es der Komponist mit der Maurerei nahm, ersieht man schon daraus, daß er 1755 auch seinen Vater, Leopold Mozart, bewog, dem Bund beizutreten. W. A. Mozart schrieb am 4. April 1789, also kurze Zeit vor dem am 28. Mai des genannten Jahres erfolgten Tod seines Vaters, an diesen u. a.:

„Da der Tod — genau zu nehmen — der wahre Endzweck unseres Lebens ist, so habe ich mich seit ein paar Jahren mit diesem Herrn, besten

Freund des Menschen, so bekannt gemacht, daß sein Bild nicht allein nichts schreckendes mehr für mich hat, sondern recht viel beruhigendes und tröstendes und ich danke meinem Gott, daß er mir das Glück gegönnt hat, mir die Gelegenheit — Sie verstehen mich — zu verschaffen, ihn als den Schlüssel zu unserer wahren Glückseligkeit kennen zu lernen," welche Äußerung gleichfalls ein Beweis von dem sittlichen Ernst gibt, mit dem Mozart in der Beschäftigung mit der Freimaurerei Aufklärung über die höchsten Fragen erstrebte.

Die Loge verdankt ihm mehrere vortreffliche Kompositionen, von denen manche noch jetzt öfter in maurerischen Kreisen aufgeführt werden.

Wir nennen hier:

1) „Die Gesellenreise" (komponiert am 26. März 1785),

2) zwei zur Eröffnung und zum Schluß der Loge „Zur neugekrönten Hoffnung" komponierte Gesänge,

3) „Maurerfreude", eine Kantate, komponiert am 20. April 1785 und gesungen am 24. April, zu Ehren seines Freundes, des berühmten Naturforschers Ignatz Edler von Born, gleich Mozart heiteren Scherz liebend und übend.

Der Aufführung der Kantate „Maurerfreude" wohnte auch der Vater Mozarts bei.

Diese Kantate „Maurerfreude" für Solo, Chor und Orchester (Opus Nr. 471) hat den nachstehenden Text:

Sehen, wie dem starren Forscherauge
Die Natur ihr Antlitz nach und nach enthüllet,*)
Wie sie ihm mit hoher Weisheit
Voll den Sinn und voll das Herz
Mit Tugend erfüllet.
Das ist Maurers Augenweide,
Wahre heiße Maurerfreude,
Singet, Singet, Singet.
Lorbeer hat Joseph der Weise zusammengebunden,
Mit Lorbeer die Schläfe den Weisen der Maurer
    umwunden.**)

Wie Gustav Schubert, einst Direktor des musikalischen Kollegiums der Loge Royal York, in einer Schrift zum 100jährigen Todestage Mozarts***) zu erzählen weiß, wurde dem Meister mit dieser Komposition später eine große Freude bereitet. Auf seinen Reisen versäumte Mozart nie, fremde Bauhütten zu besuchen. Während seines letzten Aufenthaltes in Prag (im August 1791) erschien er nunmehr in der Loge zur „Wahrheit und Eintracht". Als er das letztemal kam, hatten sich die Brüder in zwei Reihen aufgestellt, und der Eintretende wurde mit der genannten Kantate

---

*) Bezieht sich auf eine von Ig. v. Born, dem intimen Freund Mozarts, gemachte naturwissenschaftliche Entdeckung.
**) In der Bibliothek des Konservatoriums in München befindet sich eine geschriebene Partitur dieser Kantate, in der nicht allein der ursprüngliche Text «Sehen wie dem starren Forscherauge» zu einem anderen «Sehen jenes Irrtums Nacht verschwinden» für den Gebrauch der Kirche umgearbeitet, sondern auch der Schlußchor vierstimmig für Sopran, Alt, Tenor und Baß eingerichtet und durch Trompeten und Pauken verstärkt ist.
***) Berlin 1891, S. 18.

„Maurerfreude" empfangen. Diese Aufmerksamkeit rührte ihn tief, und als er dafür dankte, äußerte er, er werde demnächst dem Maurertum eine bessere Huldigung darbringen. Er meinte damit die „Zauberflöte", die bereits in seinem Geiste reifte.*)

Auch die erwähnte Kantate (unter Nr. 1) „Die Gesellenreise" oder auch „Maurer-Gesellen-Freude" für eine Singstimme mit Orgelbegleitung (Op. 468) wurde noch bei Lebzeiten des Meisters in maurerischen Kreisen sehr viel gesungen.

> Da Ihr einem neuen Grade
> Der Erkenntnis nun Euch naht.
> Wandert fest auf Eurem Pfade,
> Wißt, es ist der Weisheit Pfad;
> Nur der unverdrossne Mann
> Mag dem Quell des Lichts sich nahn.

Ein Schlußlied, 3stimmiger Chorgesang mit Orgelbegleitung, lautet nach dem Autograph dieses nicht herausgegebenen Werkes:

> Ihr, unsere treuen Leiter,
> Nun danken wir Euch Eure Treue.
> Führt stets im Tugendpfad uns weiter,
> Daß jeder sich der Stelle freue,
> Die ihn an bessre Menschen schließt
> Und ihm des Lebens Kelch versüßt.
> Hebt auf der Wahrheit Schwingen
> Und höher zu der Weisheit Throne,
> Daß wir ihr' Heiligkeit erringen
> Und würdig werden ihrer Krone etc.

---

*) Vergl. auch Alfred Meißners «Rokokobilder».

4) Die „Kleine Freimaurer-Kantate", Text wie bei der Zauberflöte gleichfalls von Emanuel Schikaneder, für Streich-Quartett, Oboe-Hörner in C, Flauto und Männer-Terzett, wurde am 15. November 1791, also ungefähr 3 Wochen vor dem Tode des Meisters (er starb bekanntlich am 5. Dezember 1791) komponiert und gleich nach der Fertigstellung von ihm bei der Einweihung des Maurertempels: „Zur neu gekrönten Hoffnung" aufgeführt.

> Laut verkünde unsere Freude
> Froher Instrumenten-Schall,
> Jedes Bruderherz empfinde
> dieser Mauern Widerhall.

Rec. Wir weihen diesen Ort zum Heiligtum unserer Arbeit, die uns das große Geheimnis entziffern soll.

Hieran schließt sich das von allen deutschen Sängern gekannte Lied:

> „Brüder reicht die Hand zum Bunde."

Der in f-dur dreistimmig komponierte Gesang hatte folgenden Wortlaut:

> Laßt uns mit geschlungenen Händen
> Brüder diese Arbeit enden
> Unter frohem Jubelschall,
> Es umschlinge diese Kette
> So wie diese heil'ge Stätte
> Auch den ganzen Erdenball.
> Laßt uns unter frohem Singen
> Vollen Dank dem Schöpfer bringen,

Dessen Allmacht uns erfreut.
Sehet die Weihe ist vollendet
Wär' doch auch das Werk geendet,
Welches unsre Herzen weiht.
Tugend und die Menschheit ehren
Sich und andre Liebe lehren
Sei uns stets die erste Pflicht.
Dann strömet nicht allein im Osten
Dann strömet nicht allein im Westen,
Auch im Süd, und Norden Licht.

Dieses freimaurerische Schwanenlied Mozarts „Die Kleine Freimaurer-Kantate" veranlaßte nach dem Ableben des großen Tonschöpfers eine Gesellschaft Menschenfreunde in Wien, das Manuskript zum besten seiner hilfsbedürftigen Witwe und Waisen herauszugeben. Welche Gefühle und Empfindungen hatten diese seine Freunde, speziell aber die Brüder, wenn sie die Kantate zu Gesicht bekamen, die er noch 2 Tage vor seiner letzten tödlichen Erkrankung im Kreise seiner intimen Freunde selbst dirigiert hatte. So erschien denn die Partitur mit dem Originaltext bald darauf in Wien mit den Worten: „Mozarts letztes Meisterstück, eine Kantate, gegeben vor seinem Tode im Kreise vertrauter Freunde."*)

5) Die Kantate „Die Ihr des unermeßlichen Welttalls Schöpfer ehrt".
6) Eine Tondichtung von außerordentlicher Schönheit, Kraft und Wirkung ist die im Juli 1785

---

*) Die maurerische Komposition für die Logen erschien im Klavierauszug 1891 in Leipzig. Auch neue Texte dazu schuf teilweise R. Fischer in Gera.

komponierte „Maurerische Trauermusik bei dem Todesfalle der Brüder Mecklenburg und Esterházy" für Orchester, in die er seine tiefsten Gefühle niederlegte und worin er sein innerstes Seelenleben offenbarte.

Das größte und umfangreichste maurerische Musikwerk Mozarts ist endlich „Die Zauberflöte". Man weiß, daß dieselbe so außerordentlich gefiel, daß sie in einem einzigen Monat 24mal wiederholt wurde und daß bereits am 23. November 1792 die 100. und am 22. Oktober 1795 die 200. Vorstellung stattfand.

Sehen wir uns nun „Die Zauberflöte" auf ihren maurerischen Jnhalt etwas genauer an.

War auch Kaiser Joseph II., der Habsburgische Monarch, im großen und ganzen kein ausgesprochener Freund des Maurertums und hat er so manche Verordnung erlassen, worin er den Bund gleichsam unter polizeiliche Kontrolle stellte, so ließ er ihm doch einigermaßen Duldung zukommen. Die Toleranz, die er den Konfessionen seines Reiches gegenüber übte, betätigte er auch dem Maurertum gegenüber. Nach dem im Jahre 1790 erfolgten Tode des österreichischen Herrschers war die Freimaurerei schlimmen Verfolgungen und Drangsalierungen ausgesetzt. Die veränderte politische Richtung der Regierung unter Kaiser Leopold II., dem Nachfolger Joseph II., erwirkte es, daß man das Maurertum als Hauptorgan des politischen und religiösen Freisinns verdächtigte, verketzerte und aufs heftigste befehdete. Der Maurer in Wien hatten sich große Unruhe und Besorgnis bemächtigt, und da die Zensur rücksichtslos ihres Amtes waltete, wagten sie es nicht, in Wort und Schrift jene Gedanken, die ihre Seelen erfüllten, ihren Zeitgenossen mitzuteilen. Da kamen der Komponist und der Textdichter darin überein, die Bühne zum Schauplatz der Verherrlichung der Loge zu erwählen und zwar durch eine Darstellung die die Symbolik seiner Gebräuche in ein glänzendes Licht stellte und die sittliche Tendenz seiner Ansichten rechtfertigte, so daß, wie Heinrich Boos in seiner Geschichte der Freimaurerei treffend bemerkt, dem Eingeweihten die Befriedigung eines geheimen Einverständnisses und dem Uneingeweihten neben reichlicher Augenweide auch die Ahnung einer tieferen Bedeutung gegeben wurde. Eine solche liberale Partei-Demonstration, die vorsichtigerweise weder den Bund selbst noch einzelne Personen bloß stellte, mußte ein Jahr nach dem Tode Josephs II. und bei dem Beginn der neuen reaktionären Ära sehr zeitgemäß erscheinen.

Mozart gelang der große Wurf, und es hat wohl noch nie einen Tondichter gegeben, der den Bund so glorifizierte und die Wahrheiten und den sittlichen Kern desselben so anschaulich und zugleich so anheimelnd und packend der Menschheit zum Bewußtsein brachte, als er. Die Zauberflöte ist denn auch das volkstümlichste und deutscheste Werk des Meisters und zugleich sein gedankentiefstes, die wunderbarste Kunst der Gegensätze und noch wunderbarer die hohe Kunst und Gewandtheit, mit der er ganz allmählich und innerlich folgerichtig von der süßen Innigkeit der Liebes-

Szenen und von der ergötzlichsten Lustigkeit Papagenos hinüberleitet zu der Ehrfurcht erweckenden Feierlichkeit der priesterlichen Mächte. „Das großartige Finale eines der unvergleichlichsten Musikstücke Mozarts" — bemerkt O. Jahn — „mit seinem milden Ernst und leuchtenden Glanz, wie tief ergreifend es das selige Glück des Eingeweihten, das der Bedrängung enthobene Gottesgleichsein. Es ist das ätherreine Leben im Ideal, der Grundgedanke der philosophischen Gedichte Schillers."

Die freimaurerischen Grund-Ideen, die sich wie ein roter Faden von jeher bis auf den heutigen Tag durch den Bund hindurchziehen, nämlich der Kampf zwischen Licht und Finsternis, erfaßte Mozart mit aller Kraft.

Was war ihm die Loge? Was sie jedem Bruder ist, der über die wichtigsten und bedeutsamsten Probleme des Daseins, über den Endzweck unseres Lebens, über den ewigen Osten ernst nachdenkt. Die Loge war ihm, wie dies einige Geschichtsschreiber des Ordens richtig charakterisiert haben, eine Hütte im Tumult des Lebens, eine Zuflucht gegen die Glut menschlichen Hassens und Überstürzens, ein Hafen gegen allen inneren und äußeren Sturm, eine Burg gegen alle Anfechtungen und Versuchungen, ein Heiligtum zum ungestörten, freien Aufblick nach oben und zur ermutigenden Aufrichtung in allerlei Mühseligkeit und Beladenheit. Sie war ihm eine Bildungsanstalt für die Einzelnen, und eine Werkstätte für die Wohlfahrt der Gesamtheit. Dort lernte er genau die Grenzen kennen zwischen Nationalität und Welt-Bürgertum, das Bruderband immer von neuem knüpfend, daß es nicht locker und schlaff werde. Dort übte er sich in der geheimen Kunst, die Zukunft in die Gegenwart hinein zu bauen, sich mit seinen Brüdern gegenseitig im Glauben an den durch eigene Mitwirkung zu ermöglichenden Fortschritt der Menschheit stärkend und die sittlichen Ideen, besonders die Ideen der Wahrheit und des Rechts kennen lernend, die in den heiligen Tiefen des menschlichen Bewußtseins ihren ewigen Wohnsitz haben.

Mochte Mozart im Leben, d. h. außerhalb des Tempels, schon infolge seiner Jugend und seines leichtlebigen Temperaments, hier und da über den Strang geschlagen und nicht immer jene Hoheit und Würde gewahrt haben, die vielleicht hier und da von Nöten gewesen wäre, in dem Tempel selbst fühlte er, daß er ein Priester der Wahrheit, der Schönheit und der Weisheit, kurz, daß er ein Maurer von Beruf sei. Das Ideal der Menschheit, wie er es auffaßte, stand für ihn über allen Parteien, und seiner Pflege widmete er sein ganzes Sinnen und Denken. Dort blieb ihm alles Profane, Unedle fern, dort leuchtete ihm immer das Licht und gab ihm auch Mut und Sporn, sowie Erhebung, auch draußen, zu immer frischem und wunderbarem Schaffen.

Wie hätte man kürzer und schöner die Ziele der Freimaurer-Brüderschaft kennzeichnen können, als dies mit den Worten Taminos in der Zauberflöte geschieht. Tamino erscheint als Suchender vor den Pforten des Tempels. Der Sprecher fragt ihn: „Was suchst Du hier, was treibt Dich in unsere Maurerei zu dringen? Darauf antwortete er: „Freundschaft und Liebe." Und Freundschaft und Liebe ist gleichsam die Seele und der Lebensnerv des Maurertums.

Die sternenflammende Königin der Nacht war dem Freimaurer Mozart die Reaktion, an deren finsterer Macht die Pläne des guten Kaisers Joseph II. scheiterten. Sarastro, der Hohepriester der Isis, war für ihn der Vertreter der Humanitätsideen und der philosophischen Aufklärung des 18. Jahrhunderts. In dieser freisinnigen und freiheitlichen Lebens- und Weltanschauung erkannte der Meister das eigentliche Wesen des Christentums und das ideale Streben nach Weisheit und Tugend.

Die 3 Genien in Gestalt der 3 Knaben repräsentieren für ihn die freimaurerische Weisheit, das freimaurerische Licht und die freimaurerische Stärke. Daß für den Meister wie für den Librettisten die Zauberflöte gleichsam symbolische Musik und symbolische Philosophie war, dafür haben wir einen vollgültigen Gewährsmann, nämlich Goethe. Der deutsche Dichterfürst, der den Schöpfer der Zauberflöte ungemein hoch schätzte, beurteilte auch den Text ganz richtig, indem er meinte, daß er „voller Unwahrscheinlichkeit und Späße sei, die nicht jeder zurechtzulegen und zu würdigen wisse, aber man doch auf alle Fälle dem Autor zugestehen müsse, daß er im hohen Grade die Kunst verstanden habe, durch Kontraste zu wirken und große theatralische Effekte herbeizuführen". Den riesigen Erfolg der Oper führt Goethe auf die Freude des Publikums an der Erscheinung zurück. „Dem Eingeweihten wird zugleich der höhere Sinn nicht entgehen." Eben dieser Erfolg bewog ihn, einen zweiten Teil zu schreiben. Wenn er nun auch schließlich den Plan hat fallen lassen, so bietet uns doch das uns verbliebene Fragment der Zauberflöte 2. Teil großes Interesse.

Auch für Goethe verkörpert die Königin der Nacht den Rückschritt, wie er unter Maria Theresia zur Geltung kam; ferner Monostatos die kulturfeindliche Kirche, Sarastro den Meister vom Stuhl, Tamino den Kaiser Joseph II. und Pamina das österreichische Volk. Papageno ist im Gegensatz zu den Eingeweihten, die durch Bestehen der 3 Proben geläutert werden, der Naturmensch, der sich seinen sinnlichen Trieben hingibt. In diesem Sinne heißt es:

Der, welcher wandelt diese Straße voll Beschwerden,
Wird rein durch Wasser, Feuer, Luft und Erden;
Wenn er des Todes Schrecken überwinden kann,
Schwingt er sich aus der Erde Himmeln.
Erleuchtet wird er dann imstande sein,
Sich den Mysterien der Isis ganz zu weihn.

Die Königin der Nacht, die Feindin des Lichts, wird durch den Bund Taminos (Kaiser Josephs) mit der Pamina (dem österreichischen Volke) besiegt. Aus diesem Bunde entspringt nun für Goethe der Genius der Aufklärung, den die heilige Priesterschaft, d. h. die Freimaurer beschützen. Text und Musik vereinigen sich in der Zauberflöte, um das Freimaurertum, sein Wesen, seine Tendenzen und seinen rein heiligen und erhabenen Charakter in Wort und Ton zu kennzeichnen. Wie das Libretto von den Ideen des Bundes durchdrungen ist und die weisen Sprüche des Ordens verkündet, so ist auch die Vertonung eine durchaus freimaurerische. Ich erinnere hier nur an den Marsch der Priester im 2. Akt (Palmenwald), wo im Adagio der dreimalige Akkord der Priester in die Hörner klar und deutlich den freimaurerischen Gruß und Händedruck rhytmisch charakterisiert:

Die freimaurerischen Erkennungszeichen sind wohl noch in keiner Oper in so bezeichnender, interessanter Weise illustriert worden. Diese Isis-Priester erinnern an die Urchristen sowie an die Essäer, die gleichfalls weiße Kleider getragen haben und wie die Freimaurer höheren Grades bei den rituellen Verrichtungen in wallenden Gewändern einhergingen. In allem, was Sarastro, der Meister vom Stuhl, sowie die Priester sprechen, weht durchweg echter freimaurerischer Geist. Man höre z. B. im 2. Akt, wo Sarastro, als wäre er in der Loge und hielte seinen Brüdern einen Vortrag, sagt:

„Ihr in den Weisheitstempel eingeführten Diener der großen Götter Osiris und Isis, mit reiner Seele erkläre ich euch, daß unsere heutige Versammlung eine der wichtigsten unserer Zeit ist. Tamino, ein Königssohn, wandelt an der nördlichen Pforte unseres Tempels und seufzt mit tugendvollem Herzen nach einem Gegenstand, den wir alle mit Mühe und Preis erringen müssen. Diesen Tugendhaften zu bewachen, ihm freundschaftlich die Hand zu bieten, sei heute eine unserer wichtigsten Pflichten."

Auch eines der wichtigsten Gebote des Freimaurertums, die Verschwiegenheit und die Wahrung der Geheimnisse kommt in dieser Ansprache Sarastros an die Priester zum Ausdruck. Der erste Priester fragt den Logenmeister:

„Er besitzt Tugend?"

„Tugend," antwortet Sarastro.

„Auch Verschwiegenheit?" fragt der zweite Priester.

„Verschwiegenheit," antwortet Sarastro.

Natürlich darf auch der Lebensnerv des Freimaurers, nämlich das Wohltun, nicht fehlen. Deshalb fragt der dritte Priester:

„Ist er wohltätig?"

„Wohltätig," erwidert Sarastro und fügt dann hinzu:

„Haltet Ihr ihn für würdig, so folgt meinem Beispiel." (Sie blasen 3mal in die Hörner.) „Gerührt über die Einigkeit Eurer Herzen, dankt Sarastro Euch im Namen der Menschheit."

Wie in der Loge, so fehlt es auch in der Zauberflöte nicht an dem Br-Sprecher. In demselben 2. Akt bei dem Marsch der Priester sagt der Sprecher, zu Sarastro gewandt:

„Großer Sarastro, Deine weisheitsvollen Reden erkennen und bewundern wir; allein wird Tamino auch die harten Prüfungen seiner Worte bekämpfen? Er ist Prinz."

„Noch mehr — er ist Mensch," erwidert Sarastro, ganz im Geiste des Freimaurertums.

Ebenso finden wir im Finale (19. Auftritt) deutliche Beweise freimaurerischer Einflüsse. Die 3 Knaben führen Tamino in einen Hain, in welchem die Tempel der Weisheit, der Vernunft und der Natur stehen, ermahnen ihn standhaft, duldsam und verschwiegen zu sein und lassen ihn allein. Von einem Priester erfährt er, daß Sarastro im Weisheitstempel herrsche und Pamina aus edlen Gründen, die ihm aber noch ein Geheimnis bleiben müßten, ihrer Mutter entrissen habe. Auch ihm werde alles klar werden.

Sobald dich führt der Freundschaft Hand,
Ins Heiligtum zum ew'gen Land.

Nicht nur in der Großen Loge Royal York zur Freundschaft, die ursprünglich „L'Amitié" hieß, sondern in jedem Orden ist bekanntlich die Freundschaft der ruhende Pol in der Erscheinungen Flucht.

Natürlich ist in der Zauberflöte sehr viel von Prüfungen in logenmäßigem Sinne die Rede. Da vielfach der Ursprung des Freimaurertums mit den ägyptischen Mysterien der Osiris und Isis in Beziehung gebracht wird, deuten begreiflicherweise die Prüfungen mit der Enthaltsamkeit, dem Schweigen, dem Wandel durch Feuer und Wasser auf die maurerischen Zeremonien hin.

Unter feierlichem Marsch ziehen die 18 eingeweihten Diener der Götter Isis und Osiris ein. Sarastro macht der in Ordnung aufgestellten Versammlung bekannt, daß der tugendhafte Prinz Tamino an der Pforte des Tempels wandle und ins Heiligtum des „größten Lichts" zu blicken wünsche. Er rühmt ihm, auf die Frage der Eingeweihten, Tugend, Verschwiegenheit und Wohltätigkeit nach. Wieder lassen als Beifallszeichen die Priester in einem für Eingeweihte — d. h. Brüder, verständlichen Rythmus dreimal ihre altertümlichen Hörner erklingen.

Der nicht auf allen Bühnen vollständig gegebene hierauf folgende Dialog spricht schon für sich eine so beredte Sprache, daß wohl ein Kommentar dazu überflüssig sein dürfte. Man hört:

Sarastro: Gerührt über die Einigkeit Eurer Herzen Dankt Sarastro Euch im Namen der Menschheit. Mag immer das Vorurteil seinen Tadel über uns Eingeweihte auslassen, Weisheit und Vernunft

Zerstückt es gleich dem Spinngewebe,
Unsere Säule erschüttern sie nie.

Jedoch das böse Vorurteil soll schwinden
Und es wird schwinden, sobald Tamino selbst die
Größe unserer schweren Kunst begreifen wird.
(Sarastro und die Priester wiederholen mit den
Hörnern den dreimaligen Akkord.)

Sarastro zum Redner, der vor ihm niederkniet:
„Und Du, Freund, vollziehe Dein heiliges Amt
und lehre durch Deine Weisheit, was Pflicht der
Menschheit sei. Lehre sie die Macht der Götter
erkennen."

Ein feierlicher Anruf an Isis und Osiris, dem
neuen Paar den Geist der Weisheit zu verleihen
und sie in Prüfungen zu stärken und zu schützen,
lautet:

O Isis und Osiris schenket
Der Weisheit Geist dem neuen Paar!
Die Ihr der Wandler Schritte lenket,
Stärkt mit Geduld sie in Gefahr,
Laßt sie der Prüfung Früchte sehen;
Doch sollten sie zu Grabe gehen,
So lohnt der Tugend kühnen Lauf,
Nehmt sie in Euren Wohnsitz auf.

Im Quintett des 2. Aktes finden wir in verständlichen Andeutungen die Verdächtigungen, denen die Freimaurerei zu allen Zeiten ausgesetzt war. In geschickter Weise hat der Librettist dies im Gesang der drei schwarzen Damen der Königin der Nacht veranschaulicht.

Man zischelt viel sich in die Ohren
Von dieser Priester falschem Sinn.

Tamino antwortet:
Ein Weiser prüft und achtet nicht,
Was der verworf'ne Pöbel spricht.

Die drei Damen unisono:
Man sagt, wer Eurem Bunde schwört,
Der ist verwünscht mit Haut und Haar.

Tamino:
Geschwätz, von Weibern nachgesagt,
Von Heuchlern aber ausgedacht.

Die prägnanteste Kundgebung freimaurerischer Weisheit, moralischer und ethischer Reinheit ist wohl die berühmte Arie des Sarastro, beginnend mit den Worten:
In diesen heil'gen Hallen. —

Zugleich der Prüfstein und die Glanznummer nicht allein eines jeden Bassisten, sondern auch gleichsam die vollendete musikalische Bergpredigt Mozarts.

Diese Arie im 2. Akt lautet bekanntlich:

In diesen heil'gen Hallen
Kennt man die Rache nicht;
Und ist ein Mensch gefallen,
Führt Liebe ihn zur Pflicht.
Da wandelt er an Freundes Hand
Vergnügt und froh ins bess're Land.
In diesen heil'gen Mauern,
Wo Mensch den Menschen liebt,
Kann kein Verräter lauern,
Weil man dem Feind vergibt.

Wen solche Lehren nicht erfreun,
Verdienet nicht ein Mensch zu sein.

Von hoher musikalischer Schönheit und tiefer freimaurerischer Bedeutung ist auch der Gesang der Knaben:

Bald prangt, den Morgen zu verkünden,
Die Sonn' auf goldner Bahn,
Bald soll der Aberglaube schwinden,
Bald siegt der weise Mann,
O holde Ruhe steig' hernieder,
Kehr' in der Menschen Herzen wieder!
Dann ist die Erd' ein Himmelreich
Und Sterbliche sind Göttern gleich!

Stärke, Schönheit und Weisheit, diese Grundpfeiler des Freimaurertums, werden durch den Schluß-Chor feierlich mit den Worten verkündet:

Es siegte die Stärke und krönet zum Lohne
Die Schönheit und Weisheit mit ewiger Krone.

Neben Goethe waren auch andere erleuchtete Geister sich klar darüber, daß Mozart in der Zauberflöte eine musikalische Verklärung und Verherrlichung des Freimaurertums schaffen wollte. So hebt z. B. Johann Gottfried v. Herder, der bekanntlich auch Freimaurer war, die unverkennbare Grund-Idee des Kampfes zwischen Licht und Finsternis als einen Hauptgrund des großen Erfolges der Zauberflöte hervor.*)

Der berühmte Philosoph Hegel bemerkt in

---

*) Vergl. Adrasteia, II. Teil S. 284.

seiner Vorlesung über Ästhetik in bezug auf die Zauberflöte:

„Das Reich der Nacht, das Sonnenreich, die Mysterien, Einweihungen, die Weisheit, Liebe, Prüfungen, das alles bei der Tiefe der bezaubernden, lieblichen Musik, weitet und erfüllt die Phantasie und erwärmt das Herz."

David Friedrich Strauß, der gewaltige Theologe und kritische Denker, sagt in seinem Werk „Der alte und der neue Glaube" von der klassischen Oper Mozarts: Das Reich der Königin der Nacht ist deutlich zugleich das des Aberglaubens, während Sarastro mit seinen Priestern das Reich der Vernunft und Humanität darstellt.

Auch hat David Friedrich Strauß in seinem „Poetischen Gedenkbuch" der Zauberflöte ein sehr sinniges Sonett gewidmet also lautend:

Dem Gotte gleich, der aus den Torenstreichen
Der Menschenkinder Welt-Geschichte flicht,
Hast Du aus einem närrischen Gedicht
Ein Tonwerk uns erschaffen sondergleichen.

Schon warst Du nahe jenen ernsten Reichen,
Wo jede Lebenstäuschung uns zerbricht
Das Haupt, umstrahlt von jenem reinen Licht,
Vor dem die bunten ersten Farben bleichen.

Da schien der Menschen Tun Dir Kinderspiel,
Du sahst den Haß in ew'ge Nacht verbannt,
Die Liebe sich zur Weisheit mit verklären,
Dank' Dir, verklärter Meister! Nach dem Ziel
Hast Du uns liebend noch herabgesandt
Vorklänge von der Harmonie der Sphären.

Das hier Angeführte hat, wie wir gesehen haben, den urkundlichen Beweis für den freimaurerischen Geist, der sowohl in der Musik wie im Texte der Zauberflöte lebt, gebracht und es erübrigt uns nur noch darauf hinzuweisen, daß zu Mozarts Zeiten Anspielungen und Beweise auf ägyptische Mysterien in Wiener freimaurerischen Kreisen beliebt waren. Der bereits erwähnte intime Freund des Komponisten Ignatz Edler v. Born, hat schon im Jahre 1784 im ersten Heft des „Journals für Freimaurer" in Wien eine Abhandlung über Mysterien der Ägypter veröffentlicht, worin er zum Schlusse bemerkt, daß Wahrheit, Weisheit und Menschenwohl der Endzweck der ägyptischen Mysterien seien, daher habe der Priester, der das Oberamt in Ägypten verwaltet, das Amulett der Isis an der Brust getragen mit der Inschrift: „Das Wort der Wahrheit."*)

Dieser Born hatte sich um die Freimaurerei in Österreich große Verdienste erworben. Er war Stifter und Meister vom Stuhl der Loge „Zur wahren Eintracht". Von derselben berichtet Ignaz Aurelius Feßler**) in höchst anerkennender Weise. „Am meisten befriedigt mich die Loge „Zur Eintracht", sagt er u. A., an deren würdigem Meister vom Stuhl ich für meine maurerischen Bedürfnisse einen vorzüglichen Wohltäter fand. Manches dunkle Gebiet in der Geschichte und Verfassung des Ordens ward mir durch seine brüderlichen Mitteilungen hell. Es war sein eigentliches Verdienst, welches Män-

---
*) Wien 1784 S. 128.
**) Briefe, meine maurerische Laufbahn betreff., I. Brief.

ner zu dieser Loge führte, die Kenntnisse und guten Willen genug hatten, ihm bei dem wissenschaftlichen Baue seines Tempels tätig zu unterstützen. Alle ihre Maßregeln waren genau und bestimmt darauf gerichtet, den Afterbau der übrigen Logen, wie sie ihn nannten, allmählich zu untergraben, wofür sie aber freilich ganz unbarmherzig angefeindet wurden."

Mozart war bekanntlich ein großer Verehrer des weiblichen Geschlechts, ein zärtlicher Gatte und ein feuriger Liebhaber, aber dennoch hatte er den Satzungen der Loge gemäß dem Grundsatz gehuldigt: „Mulier taceat in ecclesia", d. h. er beugte sich dem maurerischen Gesetz, das die Anwesenheit der Frauen bei maurerischen Beratungen nicht zuließ. Auf diese Tatsache ist wohl auch der Umstand zurückzuführen, daß in der „Zauberflöte" gar manches über die Damen gesagt wird, was sonst keineswegs der Gesinnung und der Denkungsart unseres Komponisten entspricht und daß die „Zauberflöte" die Stellung des ewig Weiblichen zu dem Bund ein wenig zuvorkommender Weise behandelt. Die Königin der Nacht tritt mit ihren Damen als Feindin des Sarastro und seines Tempels auf. Sarastro hat ihr die Tochter Pamina entführt, um sie unter männlichem Schutz und männlicher Pflege zur Liebe und Freiheit zu erziehen. Er singt:
Du würdest um Dein Glück gebracht,
Wenn ich Dich ihren (der Mutter) Händen ließe.
Ein Mann muß Eure Herzen leiten,
Denn ohnehin pflegt jedes Weib
Aus ihrem Wirkungskreis zu treten.

Ferner sagt der Sprecher zu Tamino:
Ein Weib hat also Dich berückt,
Ein Weib tut wenig, plaudert viel,
Du, Jüngling, glaubst dem Zungenspiel.

Im Gegensatz dazu heißt es vom Mann:
Von festem Geiste ist ein Mann,
Er denket, was er sprechen kann.

Priester und Sprecher singen ferner ungalant:
Bewahret Euch vor Weibertücken,
Das ist des Bundes erste Pflicht;
Manch' weiser Mann ließ sich berücken,
Er fehlte und versah sich's nicht.

Neben diesem allgemeinen Gesichtspunkt darf freilich dabei nicht vergessen werden, daß „Die Zauberflöte", wie schon erwähnt, ein Symbolum ist, und daß die dämonischen Mächte, gegen welche Sarastro und seine Genossen ankämpfte, sich gegen den Geist der Reaktion richtete, der unter der Mutter Paminas, d. h. der Kaiserin Maria Theresia, sein unheilvolles Spiel trieb. Man muß daher annehmen, daß die scharfen Ausfälle gegen das ewig Weibliche hauptsächlich auf die Kaiserin gemünzt waren. Diese Fürstin, die bekanntlich sehr gründlich und fanatisch hassen konnte, und 1764 die Loge verbot, ließ die am 17. September 1742 gestiftete Loge „Zu den drei Kronen", der sogar ihr Gemahl, der Kaiser Franz I., angehört haben soll, durch mehrere 100 Mann Grenadiere und Kürassiere überfallen und aufheben. Etwa 25 Freimaurer wurden festgenommen und verhaftet. Dem

Verhöre wohnten der Kardinal und Erzbischof von Wien und päpstliche Nuntius bei. Man erzählt sich als Kuriosum, daß Kaiser Franz in der Loge gegenwärtig gewesen und nur mit Mühe und Ach und Krach der Verhaftung durch die Soldaten unter Benutzung einer Hintertreppe entgangen sein soll. Auf Verwendung Franz I. wurden die Gefangenen am Namenstage des Kronprinzen Joseph am 19. März des genannten Jahres wieder in Freiheit gesetzt.*)

Daß die Brüder, aufs Tiefste erschüttert von dem raschen Ableben des großen Meisters in der Blüte seines Daseins, sein Andenken ehrten, bedarf wohl keiner weiteren Ausführung. Bei einer Meisteraufnahme in seiner Loge „Zur gekrönten Hoffnung" wurde ihm zu Ehren eine würdige Gedächtnisrede gehalten, die dann noch im Drucke erschien.**) Dort heißt es u. a.:

„Dem ewigen Baumeister der Welt gefiel es, eines unserer geliebtesten, unserer verdienstvollsten Glieder aus unserer Bruderkette zu reißen. Wer kannte ihn nicht, wer schätzte ihn nicht, wer liebte ihn nicht, unseren würdigen Bruder Mozart? Kaum sind einige Wochen vorüber und er stand noch hier in unserer Mitte, verherrlichte noch durch seine zauberischen Töne die Einweihung unseres Maurertempels. Wer von uns, meine Brüder, hätte

---

*) Lewis Geschichte der Freimaurerei in Oesterreich.
**) Maurerrede auf Mozarts Tod. Vorgelesen in der sehr ehrwürdigen St. Johannisloge «Zur gekrönten Hoffnung» im Orient von Wien, von Br. H......R., Wien, gedruckt beim Bruder Ignatz Alberti 1792.

ihm damals den Faden seines Lebens so kurz zugemessen? Wer von uns hätte gedacht, daß wir nach 3 Wochen um ihn trauern würden? Es ist wahr, es ist das traurige Los der Menschheit, mitten im Keimen die oft schon ganz ausgezeichnete Lebensbahn verlassen zu müssen. Könige sterben mitten in ihren Plänen, die sie unausgeführt der Nachwelt überlassen, Künstler sterben, nachdem sie die ihnen verliehene Lebensfrist anwandten, die Vervollkommnung ihrer Kunst auf den höchsten Grad zu bringen. Allgemeine Bewunderung folgt ihnen in ihr Grab. Ganze Staaten bedauern sie und das allgemeine Los dieser großen Männer ist — vergessen zu werden von ihren Bewunderern. Nicht so wir, meine Brüder! Mozarts früher Tod bleibt für die Kunst ein unersetzlicher Verlust. Seine Talente, die er schon im frühesten Knabenalter äußerte, machten ihn schon dazumal zum seltenen Phänomen seines Zeitalters. Halb Europa schätzte ihn. Die Großen nannten ihn ihren Liebling, und wir nannten ihn Bruder. So sehr es aber die Billigkeit erfordert, seine Fähigkeiten für die Kunst in unser Gedächtnis zurückzurufen, ebenso wenig müssen wir vergessen, ein gerechtes Opfer seinem vortrefflichen Herzen zu bringen. Er war ein eifriger Anhänger unseres Ordens. Liebe für seine Brüder, Verträglichkeit, Einstimmung zur guten Sache, Wohltätigkeit, wahres inniges Gefühl des Vergnügens, wenn er einigen seiner Brüder durch seine Talente Nutzen bringen konnte, waren hauptsächlich Züge seines Charakters. Er war Gatte, Vater, Freund seiner Freunde, Bruder seiner Brüder — nur Schätze fehlten ihm, um nach seinem Herzen Hunderte glücklich zu machen."

Neben der Rede wurde seinen Manen durch ein Gedicht gehuldigt, also lautend:

Er war im Leben gut und mild und bieder,
Ein Maurer nach Verstand und Sinn;
Der Tonkunst Liebling! denn er schuf uns wieder
Zu höheren Empfindungen.
Getrennt ist nun das Band! ihn soll begleiten
Der Maurersegen froh und kühn —
Denn uns're Bruderliebe soll ihn leiten
Auch in das Land der Harmonien.
Die wir im Stillen folgten seinen Schritten,
Zu suchen, die das Schicksal schlug,
Wo er so oft in armer Witwen Hütten
Die ungezählte Gabe trug;
Wo er sein Glück auf Waisen-Segen baute,
Das Kleid der nackten Armut gab
Und Gottes Lohn dafür sich anvertraute,
Der ihn begleitet bis ans Grab,
Der, eingewiegt durch die Sirenenlieder,
Der Schmeichelei sich konnte freu'n,
Des frohen Blickes seiner armen Brüder
Und nicht vergaß ein Mensch zu sein.

Wir können dieses Kapitel über die Beziehungen Mozarts zur Freimaurerei nicht schließen, ohne gegen die Verdächtigungen des Abbé Goschler Protest zu erheben, der in einer im Jahre 1866 in Paris erschienenen Schrift „Mozart d'après des nouveux documents" (Mozart nach neuen Urkunden) die Behauptung aufstellt, daß der Komponist von seiner Mitgliedschaft des Freimaurer-Ordens und seiner Betätigung als Maurer persönliche Vorteile gehabt habe. Diese Verdächtigung ist ganz und gar aus der Luft gegriffen. Selbstische Berechnung lag nicht im Charakter des herrlichen Mannes. Auch hat der Orden ihn in seinem Fortkommen in keiner Weise gefördert. Vielmehr haben, wie schon erwähnt, seine eigenen maurerischen Eigenschaften ihn magisch zu dem Orden hingezogen — Eigenschaften, die Otto Jahn mit den Worten bezeichnet: „Ein Orden, der die Verbrüderung seiner Mitglieder als Aufgabe verfolgte, mußte ja starke Anziehungskraft auf ihn ausüben, umsomehr, als das ihm, wie jeder bedeutenden Natur, eigene, lebhafte Unabhängigkeitsgefühl, das den Menschen nach seinem wahren Wert geschätzt wissen wollte, in der Gleichstellung aller Ordensbrüder innerhalb des Ordens Befriedigung fand."*) Derselbe Biograph hat auch durchaus Recht, wenn er bemerkt, daß man mit Bestimmtheit annehmen könne, daß der Freimaurer-Orden Einfluß auf die Bildung Mozarts geübt habe. Denn wie tüchtig und sorgfältig auch die häusliche Erziehung den festen Grund zu allem legte, was in Mozart sich entwickelt habe, so konnten doch die beschränkten Verhältnisse in Salzburg eine freie vielseitige Ausbildung nicht gewähren und die Reisen, der vorübergehende Aufenthalt in großen Städten haben zwar vielfache, nie unbenutzt gebliebene Anregungen, aber keine nachhaltige Einwirkung geboten. Ernstes Streben

---

*) Otto Jahn: „W. A. Mozart" IV. Auflage 2. Teil, Leipzig 1907 S. 14 und 109 ff.

nach einer auf geistiger und sittlicher Bildung beruhenden Freiheit sei zu jener Zeit in Wien wesentlich durch die Freimaurer vertreten gewesen. Ebenso läßt es sich nicht in Abrede stellen, daß das Geheimnisvolle und Symbolische des Ordens ihn angezogen und auf seine Fantasie gewirkt hat, was bei einer künstlerisch so leicht erregbaren Natur wie Mozarts durchaus erklärlich ist.

Die Logen ehrten nicht nur den Genius Mozarts, sondern auch sich selbst, als sie anläßlich des 100jährigen Todestages des großen Freimaurers zu seinem Andenken Trauerlogen abhielten.

Der Name und das Wesen der Loge wird allezeit mit W. A. Mozart zusammen genannt werden. Beide werden für immer unsterblich sein, denn beide sind die Vertreter jener idealen Mächte des Lebens, die allein den eigentlichen Wert und den wahren Adel der Menschheit ausmachen.

Christian Gottfried Körner über
den Beruf des Maurertums

Was Christian Gottfried Körner seinem Freunde Schiller gewesen, ist hinlänglich bekannt und braucht nicht des weiteren angeführt zu werden. Wohl aber muß hervorgehoben werden, daß die lautere Gesinnung, die Begeisterung für alles Wahre, Schöne und Edle, die philosophische Gedankenrichtung und das warme, echt menschliche Empfinden, welche Eigenschaften Körner auszeichneten, ihn zu dem jungen Dichter hinziehen mußten, der mit flammenden Worten den Sieg des Schönen über das Häßliche und des Erhabenen über das Niedrige verkündete. Noch jetzt schlägt unser Herz höher, wenn wir den im Verein mit seinem Freunde Ludwig Ferdinand Huber, seiner Braut Minna Stock und deren Schwester Doris im Mai 1784 an Schiller gerichteten ersten Brief Körners lesen. Die Liebe und Verehrung für den Verfasser der „Räuber", des „Fiesco" und von „Kabale und Liebe", der sich damals mitten in den Stürmen und Nöten seines letzten Mannheimer Aufenthalts befand, spricht sich in diesen Zeilen mit so beredten Worten aus, daß man mit Schiller sagen muß: „Diese Menschen gehörten ihm und er gehörte diesen Menschen." Diese Zuschrift, die in großen Zügen die Lebens- und Weltanschauung Körners kennzeichnet, beginnt mit den Worten: „Zu einer Zeit, da die Kunst sich immer mehr zur feilen Sklavin reicher und mächtiger Wollüstlinge herabwürdigt, tat es wohl, wenn ein großer Mann auftritt und zeigt, was der Mensch auch jetzt noch vermag. Der bessere Teil der Menschheit, den seines Zeitalters ekelte, der im Gewühle ausgearteter Geschöpfe nach Größe schmachtete, löscht seinen Durst, fühlt in sich einen Schwung, der ihn über seine Zeitgenossen erhebt, und Stärkung auf der mühevollsten Laufbahn nach einem würdigen Ziele. Dann möchte er gern seinem Wohltäter die Hand drücken, ihn in seinen Augen die Tränen der Freude und der Begeisterung sehen lassen — daß er auch ihn stärke, wenn ihn etwa der Zweifel müde machte: ob seine Zeitgenossen wert wären, daß er für sie arbeitete. — Das ist die Veranlassung, daß ich mich mit drei Personen, die insgesamt wert sind, Ihre Werke zu lesen, vereinigte, Ihnen zu danken und zu huldigen."

Körner, — geboren 2. Juli 1756 in Leipzig — studierte in Göttingen und in seiner Vaterstadt die Rechte, reiste 1779 ins Ausland, wurde 1781 Konsistorial-Advokat in Leipzig, 1783 Oberkonsistorialrat in Dresden und 1790 finden wir ihn bereits als Oberappellationsgerichtsrat und Oberkonsistorialrat in der letztgenannten Stadt.

Als er mit Schiller in nähere Berührung trat, war er 28 Jahre alt. In seinen stark markierten Zügen prägte sich neben Willenskraft und Ruhe große Menschenfreundlichkeit aus. Ein reger Sinn für Wissenschaft und Kunst beseelte ihn schon frühzeitig und immer machte es ihm Freude, sein Haus zu einem Sammelpunkt der auf diesen Gebieten ausgezeichneten Männer zu machen. In seiner Gattin und in seiner Schwägerin, der Malerin Doris Stock, fand er schwärmerische Verehrer des Menschen und Dichters Schiller und gemeinsam mit ihnen war er allezeit bemüht, das Leben des Poeten so angenehm als möglich zu gestalten. Wir wissen, daß dieser von 1785 bis 1787 teils auf Körners Weinberg in Loschwitz bei Dresden, teils in dieser Stadt selbst wohnte und daß diese Jahre zu den glücklichsten im Leben des Genius gehörten, und auch später verkehrten sie brieflich und persönlich in trauter Harmonie miteinander. Körner war es, der Schiller auf Kant hinwies und ihn veranlaßte, sich dem Studium der Werke des Königsberger Weltweisen zu widmen. Er war es, der die ästhetischen und musikalischen Ideen Schillers gewaltig anregte und ihm allezeit seinen Kredit zur Verfügung stellte, wenn der Dichter, wie dies so oft geschah, in finanziellen Bedrängnissen sich befand. Der Briefwechsel zwischen Schiller und Körner ist schon längst zu einem der Nationalschätze der deutschen Literatur geworden, so daß es sich erübrigt, auf denselben näher einzugehen. Körner war ein Mann, dem alles Schöne und Große durch eine glückliche Liebe erhöht wurde; seine Frau Minna, schön, liebenswürdig und geistreich, sein Sohn Theodor, und alle diejenigen, die je mit ihm in Berührung kamen, brachten ihm eine Fülle von Liebe entgegen. Er gab mit vollen Händen, sorgte aber aufs ängstliche dafür, daß niemand von seiner Freigebigkeit erfahre; Schiller und seine Familie glücklich zu machen und es ihm zu ermöglichen, die Ideale, die seine glühende Seele erfüllten, zu verwirklichen, erschien ihm als der edelste Zweck seines Daseins, wie denn auch dem Dichter das innige und treue Freundschaftsbündnis stets als das schönste Ziel vorschwebte. Man weiß, daß infolge des intimen Geistesaustausches zwischen beiden eine ganz neue Epoche im Denken und Empfinden Schillers eintrat. Voll Jubel rief in jener Dresdener Zeit Schiller in bezug auf sein Freundschaftsverhältnis Körner zu: „O wie schön und göttlich ist die Berührung zweier Seelen, die sich auf dem Wege der Gottheit begegnen!"

Körner war übrigens nicht bloß Anempfinder und Anreger, sondern er besaß auch ein namhaftes schriftstellerisches Talent. Neben zahlreichen Artikeln, die er für seines Freundes Zeitschriften „Neue Thalia", „Horen" und Musenalmanach verfaßte, schrieb er auch mehrere selbständige Werke, so z. B. die „Ästhetischen Ansichten" (Leipzig 1808), „Versuche über Gegenstände der inneren Staatsverfassung" (Dresden 1812) und „Deutschlands Hoffnungen" (Leipzig 1813). Von ihm rührt ferner die treffliche Biographie Schillers her, die sich in der ersten Ausgabe der sämtlichen Werke des Dichters befindet[*]. Weniger dürfte es bekannt sein, daß er auch Dichter war, und wenn man auch an seine poetischen Versuche keinen allzu hohen Maßstab legen darf und seine schöpferische Kraft nur eine minimale war, so beweisen doch seine politischen Erzeugnisse, daß er nicht allein treffliche

---

[*] Stuttgart und Tübingen, J. G. Cotta 1812 und 1815.

Theorien über Ästhetik und Dichtung entwickeln, sondern auch als praktischer Verskünstler seinen Mann stellen konnte. Besonders gut gelangen ihm Gelegenheitsgedichte im Goethe'schen Sinne des Worts und sein Sohn Theodor hatte die dichterische Begabung augenscheinlich von ihm geerbt. Als Probe dieser Gelegenheits-Dichtungen mag hier nur einiges aufgeführt werden.

An zwei Jahrestagen seiner Hochzeit, am 7. August 1801 und am 7. August 1805, schrieb er seiner geliebten Minna die folgenden kleinen poetischen Erinnerungen*):

Festlich gestimmt erwach' ich und blicke dankbar
    gen Himmel,
Und er zeigt mir ein Bild, würdig des heutigen
    Tags.
Klar und mild ist die Bläue, nur lichte Streifen der
    Wolken,
Zeigen sich einzeln, doch bald hat sie ein Lüftchen
    verweht.
Alles umglüht und verherrlicht vom Strahl der
    freundlichen Sonne —
So ward einst meine Welt, Liebe, durch Dich mir
    verklärt!

Fühlst Du, wie heute das Herz dem Gatten schlägt,
    der in Bildern
Holder Vergangenheit lebt, ist Dir mein Erstes
    bekannt.

---

*) Die Handschriften befinden sich im Dresdner Körner-Museum.

Du hast mit liebender Hand für ihn mein Zweites
 beflügelt,
Als mein Ganzes erschien, brach mein Drittes
 ihm an*).

Ein Poem von ihm, das er einst seiner Minna spendete, gefiel sogar Schiller, der ihm darüber seine Anerkennung ausdrückte. Nur die nachstehenden Strophen seien daraus hier mitgeteilt:

Was ist es, meine Teure, das uns heute
Die Wangen rötet, aus den Blicken strahlt
Und diesen Tag zu einem Feste weiht?
Ist's nicht die holde Freundin unserer Jugend,
Die oft verkannte, nie genug gepries'ne
Verschönerin des Lebens — Phantasie?

Ein Tag, der unter allen seinen Brüdern
Ein unvergeßliches Ereignis adelt,
Ein Freudendenkmal auf des Lebens Bahn
Ist ihr willkommen, und mit reicher Hand
Beut sie die Schätze der Vergangenheit
Und Zukunft dar, die Gegenwart zu schmücken.

Von einer Höhe schau' ich rings umher —
Es schwelgt mein Blick in ruhmesreichen Auen,
Die ich an Deiner Hand zuerst betrat.
Ich seh' den Pfad, auf dem wir wallen, sich
Durch diese seligen Gefilde schlängeln
Und ins Unendliche zuletzt verlieren.

Dieser hochgesinnte Mann war immer ein eifriger Vertreter der Humanität und des Humanismus

---

*) Es ist dies eine Charade mit der Auflösung „Hochzeitstag".

im Sinne seines großen Freundes Schiller. Glaubens- und Gewissensfreiheit war für ihn ein unantastbares, heiliges Gut und er bekämpfte jeden, der es wagte, sich daran zu vergreifen. In der schon genannten Schrift: „Versuche über Gegenstände der inneren Staatsverfassung" z. B. erörtert er die Wahl der Maßregeln gegen den Mißbrauch der Preßfreiheit und äußert sich über dieselbe unter anderem in folgender lichtvoller und humaner Weise: „Die Wirkung eines Schriftstellers ist größtenteils von dem Grade der Aufmerksamkeit abhängig, den seine Produkte erregen. Jedes verbotene Buch aber bekommt schon dadurch, daß es im Namen des Staates für gefährlich erklärt wird, eine gewisse Wichtigkeit, die Neugierde des Publikums wird darauf gespannt sein und es entsteht eine größere Nachfrage. Auch bei der strengsten Sorgfalt der Polizei wird es Wege geben, einzelnen Personen um höhere Preise Exemplare zu verschaffen. Selbst die gewaltsamsten Gegenmittel als Hausvisitationen und Eröffnung der der Post anvertrauten Pakete würden nicht alle Kunstgriffe des erfinderischen Eigennutzes vereiteln. Und selbst bei der kleinsten möglichen Anzahl der Käufer kann die Anzahl der Leser noch immer beträchtlich sein. Durch diese Leser aber, denen ein solches Buch aus mehreren Gründen interessant sein muß, wird es ein häufiger Gegenstand gesellschaftlicher Unterredungen und erlangt auf diese Weise mittelbar oft einen ausgebreiteteren Wirkungskreis, als es bei irgend einem ungehinderten und öffentlichen Umlauf zu erwarten hätte."

Der Humanismus Christian Gottfried Körners prägt sich jedoch besonders in seiner Abhandlung über die Freimaurerei aus, die ich zum erstenmal aus der Handschriften-Abteilung der Kgl. Bibliothek zu Berlin — MS. Germ. Fol. 873 — in meinem Werke über Theodor Körner veröffentlichte*).

Die Ideen, die er dort ausspricht und die er auch während seines ganzen so ruhmvollen Lebens praktisch zu betätigen suchte, sind so bedeutsam, daß ich nicht umhin kann, einige Ausführungen aus dieser herrlichen Abhandlung hier wiederzugeben:

„Zur Beförderung echter Religiösität bedarf es in den Versammlungen der Freimaurerei keiner gottesdienstlichen Feierlichkeit, wenn nur das Heilige geehrt und jeder Anlaß benutzt wird, um durch Beredsamkeit, Poesie und Musik die Seele über das Irdische zu erheben. Wie alle kirchlichen Parteien auf Duldung Anspruch zu machen haben, darf keine der Herrschaft sich anmaßen. Aber es ziemt der Freimaurerei, ein tiefes Gefühl für den hohen Wert des Christentums bei jeder sich darbietenden Gelegenheit auf die einfachste und ungesuchteste Art zu erkennen zu geben und solche Äußerungen bleiben nicht ohne Wirkung. Auch kann durch vereinigte Kräfte für die Sache der Religion viel Gutes gestiftet werden, wenn es darauf ankommt, zur Beruhigung des redlichen Zweiflers gründliche historische oder philosophische Untersuchungen zu veranlassen, um gegen die Angriffe der Sophisterei rüstige Kämpfer zu erwecken. Für

---
*) Theodor Körner, sein Leben und seine Dichtungen von Dr. A. Kohut, Berlin 1891, Seite 279 ff.

eine geheime Gesellschaft hat es viel Reiz, dem Mächtigen zu dienen, nur durch ihn zu herrschen. Aber wohl der Freimaurerei, wenn sie ihre Unabhängigkeit behauptet und weder von dem Regenten noch von irgend einer Fraktion sich als Werkzeug gebrauchen läßt. Nach der Vorschrift des Christentums sei sie untertan der Obrigkeit, die Gewalt über sie hat. Sie enthalte sich alles geheimen Einflusses auf die Geschäfte der Regierung und auf die Wahl der Staatsbeamten. Von den Ständen erbitte sie nichts als Toleranz, und diese suche sie auf die offenste und rechtlichste Weise dort auszuwirken. ...

Wo aber die Freimaurerei von seiten des Staates eine freundliche Aufnahme findet, da erfülle sie auch als Gesellschaft die Pflichten eines guten Bürgers. In ihren Versammlungen herrsche ein Geist der Ordnung und Ruhe, der sich allen gewaltsamen Revolutionen widersetze, aber jede Verbesserung begünstigt, die auf einem rechtmäßigen Wege eingeleitet wird. Keine Gelegenheit werde verabsäumt, wo das Vertrauen zwischen Regenten und Volk befördert, der Eifer für gemeinnützige Unternehmungen erweckt und das Gefühl für die Ehre der Nation erhöht werden kann.

Für Sittlichkeit, Wissenschaft und Kunst ist alles gemein, wodurch der Mensch überhaupt veredelt wird. Die Schule muß es der Welt überlassen, das Geschäft der Erziehung zu vollenden, und der neu aufgenommene Freimaurer soll sich in eine unverdorbene, schönere und begeisternde Welt versetzt fühlen. Es fragt sich also, was eine solche Stimmung bewirkt und zu ihrer Erhaltung beiträgt?

Reden, wodurch Geist und Herz befriedigt wird, finden besonders in den deutschen Logen empfängliche und aufmerksame Zuhörer. Der Deutsche, so lange er seinem Charakter treu bleibt, ist in der Regel zu ernstem Nachdenken geneigt und überläßt sich ohne Grauen jedem tieferen Gefühl, das in ihm aufgeregt wird. Aber deswegen ist es auch bei ihm von dem besten Erfolg, wenn man zugleich die Wirkung auf Sinn und Phantasie nicht vernachlässigt.... Mut und Hoffnung sind Bedürfnisse des Zeitalters, um im Kampfe für die gute Sache nicht zu ermatten. Daher kehre kein Mitglied des Bundes aus einer Versammlung der Freimaurer in seine Wohnung zurück, ohne sich gestärkt und aufgerichtet zu fühlen. Es bedarf hierzu nicht immer der Kunst eines Redners. Auch der ungeschminkte Ausdruck einer warmen Teilnahme an allem, was das Wohl, die Würde und die Fortschritte der Menschheit betrifft, wirkt als Befestigung des Glaubens, daß der Sinn für das Edle und Gemeinnützige in der jetzigen Generation noch nicht ausgestorben ist.

In der deutschen Loge zeige sich besonders ein Streben, die rühmlichen Charakterzüge unserer Vorfahren: Biederkeit, Treue, Gerechtigkeit, stille Kraft, Achtung gegen die Frauen, Ernst und Würde, unverfälscht zu erhalten. Die zerstückelte deutsche Nation finde in der Freimaurerei ein Band der Vereinigung und lerne sich eines gemeinschaftlichen

Vaterlandes erfreuen. Aber der Patriotismus muß nie ins Engherzige ausarten. Der Freimaurerbund ist bestimmt, Männer von Verdienst aus allen Völkern der Erde einander zu nähern und allem Nationalvorurteil entgegen zu arbeiten.

Wo religiöse, vaterländische und sittliche Gefühle geehrt und geweiht werden, da findet der herzlose, frivole Teil unserer Zeitgenossen eine Schule der Schwärmerei. Furcht vor solchen Vorurteilen und falsche Scham darf auf die Loge keinen Einfluß haben, aber sie wache über die Erhaltung des Ebenmaßes zwischen Licht und Wärme, zwischen Besonnenheit und Enthusiasmus. . . . Was durch die Kirche, den Staat, die vorhandenen Erziehungs- und Lehranstalten und die Bemühungen der Schriftsteller für die höheren Bedürfnisse der Menschheit geleistet wird, betrachte der Freimaurer mit froher aber ruhiger Teilnehmung. Die noch übrig bleibenden Mängel zu verbessern und die Fortschritte zu beschleunigen, überlasse er denen, die durch ihre Amtspflichten dazu verbunden sind. Aber von Zeit zu Zeit gibt es in der geistigen Welt Erscheinungen, die zur Wachsamkeit gegen zerstörende Revolutionen und Beschränkungen eines wohltätigen Strebens auffordern. In soweit diese Erscheinungen die inneren und äußeren Verhältnisse des Staates betreffen, liegen sie außer der Sphäre der Freimaurer; wo aber das Interesse der Religion, der Sitte, der Geistesveredlung, der Wissenschaft und der Kunst eintritt und die Stimme der Vernunft durch heftigen Streit der Parteien übertäubt wird, da kann ein Bund helldenkender und wohlgesinnter Männer ein mächtiges Verdienst sich erwerben.

Um die Heiligtümer der Menschheit zu bewahren und gegen Frechheit und Sophisterei zu schützen, bedarf es keiner feindseligen Schritte gegen irgendeine Person. Ein friedlicher Bund wirkt beschämend, indem er dem Schlechten das Bessere entgegenzustellen sucht. Preisaufgaben sind hier nützlich, aber noch sicherer kann oft der Zweck erreicht werden, wenn man den aufgefundenen tüchtigen Mann zu einer bestimmten Tätigkeit auffordert, die für das Bedürfnis der Zeit das dringendste zu sein scheint. Solche Männer kennen zu lernen und vorzuschlagen, würde ein Hauptgeschäft des Bundes sein, der für ein besonders ihm angepriesenes Fach zu sorgen hätte. . . .

Ohne Religion kann unser Bund nie gedeihen. Der Bund der Freimaurer ist ein eitles Bemühen, wenn nicht eine unendliche Macht und Weisheit jeden Keim des Guten pflegt und die Früchte des ausgestreuten Samens früher oder später zur Reife bringt. Nur der Glaube an Gott erfüllt uns mit Ruhe und Hoffnung und Vertrauen bei der Betrachtung des Weltalls. Die Wolken verschwinden, die oft den kurzsichtigen Blick der Gegenwart trüben, und aus der heiteren Ferne strahlt uns ein tröstendes Licht. Der trockene metaphysische Begriff eines vollkommensten Wesens befriedigt den Freimaurer nicht. Er bedarf eines Gottes, wie ihn die Bibel darstellt, im alten Testament als König, im neuen als Vater. Der kindliche Sinn des Christentums soll in unseren Versammlungen erhalten und belebt werden, aber eine Parteilichkeit für eine besondere Kirche darf hier nicht stattfinden; unser Geschäft ist nicht, die Religion vorzutragen oder zu verteidigen, aber nach dem Vorbilde Johannes des Täufers suchen wir den Weg des Herrn zu bereiten. Durch Aufhellung der Begriffe, Bestreitung der Vorurteile, Bezähmung des Egoismus und Erhebung des Gemüts über die sinnliche Welt wird die Seele empfänglicher für alles, was eine irdische Macht zur Veredlung der Menschheit veranstaltet. Indem wir Gott als unseren Vater verehren, haben wir alle Hilfsbedürftigen als unsere Brüder zu betrachten, nicht nur, so weit unsere Kräfte reichen, das Elend zu mildern, sondern auch den Fortschritt der jetzigen Generation zu einem besseren Zustande und ihre Erhebung auf eine bessere Stufe zu befördern.

Auf dem Bundesaltar liegen Winkelmaß und Zirkel. Lassen Sie uns bei dem Sinn dieser wichtigen Symbole verweilen. Die Linie, welche auf einer anderen zwei rechte Winkel bildet, hält die Mitte zwischen zwei Extremen, und eine solche Richtung unseres Strebens wird durch das Mittelmaß angedeutet. Gleich entfernt von Schwäche und Wildheit, von Dürftigkeit und Übertreibung, von Furcht und Frechheit, von Leichtsinn und Pedanterie, soll der Freimaurer im Denken, Reden und Handeln sich beweisen. Diesen Charakter behaupte er in seinen öffentlichen und häuslichen Verhältnissen, im Umgang mit den Geschäften und in der Kunst. Zu einer vollkommenen Ausbildung bedarf der Mensch auch eines Maßes für die Sphäre seiner Tätigkeit und Empfänglichkeit und hieran soll ihn der Zirkel erinnern. Es gehört zu der Würde der menschlichen Natur, daß uns nicht ein Instinkt auf einen bestimmten Kreis des Wirkens und Genießens hinstellt; aber wir selbst sollen uns gewisse Grenzen setzen und dadurch an innerem Gehalt des Lebens gewinnen. Ein Zirkel, der sich zu weit öffnet, umfaßt nichts. So auch der Mensch, der seine Schranken vergißt und dem das nächste entgeht, während er das Unermeßliche zu ergreifen gedenkt. Nur durch den weisen Gebrauch des Winkelmaßes und des Zirkels erhält der rohe Stein seine Form und darf alsdann in dem Tempel, der zu Ehren Gottes erbaut wird, seinen Platz einnehmen.

Wenn bei dem Einzelnen Zweifel über den Erfolg seiner redlichen Bemühungen entstehen, so stärke sich sein Mut durch den Gedanken, daß ihn ein feierlicher Bund mit einer bedeutenden Anzahl von Männern vereint, die sich zu tätigen Bürgern im Reiche des Lichts und der Liebe geweiht haben!"

Christian Gottfried Körner war ein Erzieher im wahrsten Sinne. In die Seele seiner Kinder Theodor und Emma pflanzte er die Keime des Edlen und Schönen, bestrebt, sie zu wahren und edeldenkenden Menschen zu machen. Die Liebe zum Vaterland, zur Freiheit, zur Menschheit und den idealen Sinn lehrte sie der Vater beständig, sie auf das Beispiel großer Geistesheroen hinweisend. Für ihn galt als die höchste Zierde der Seele die Ehre, und das Ehrgefühl in seinen Kindern zu wecken und zu schärfen war er unablässig tätig. Bezeichnend in dieser Beziehung ist die Stellung, die er dem studentischen Treiben seines Sohnes als Universitätshörer in Leipzig gegenüber einnahm. Nie kehrte er den Sittenprediger heraus, sondern appellierte stets an das Herz, den Verstand und das Ehrgefühl des Sohnes. So schreibt er ihm einmal — im Herbst 1810: — „Es graut mir nicht, wie manchem anderen, vor jenem Ausbruch des Burschenlebens und ich verkenne seine poetische Seite nicht. Aber es gibt einen platten Saus und Braus, der nur ein Befehl der Leerheit und Stumpfheit ist. Man braucht aber nicht ein Philister zu sein, um daran keinen Gefallen zu finden. Du hast Dir die Burschenwelt idealisiert, ich habe nichts dagegen; aber bleibe nur Deinem Ideale getreu, sinke nicht zu Deiner Umgebung herab, sondern ziehe sie zu Dir herauf." Als sich Theodor einmal an einer allgemeinen Holzerei auf offener Straße beteiligte und er, mit anderen Kommilitonen zur Untersuchung gezogen und zu achttägiger Karzerstrafe verurteilt, um ferneren Verfolgungen zu entgehen, nach Berlin flüchtete, gebärdete sich Christian Gottfried Körner nicht als ein unerbittlicher Strafrichter, sondern betätigte aufs neue seine versöhnliche Gesinnung und den Adel seines Herzens. Er mahnte ihn, da inzwischen eine neue Untersuchung gegen Theodor Körner wegen Herausforderung zum Zweikampf eingeleitet worden war, nicht leidenschaftlich zu Werke zu gehen, sondern sich vor der Behörde ohne Furcht und Kriecherei, aber auch ohne allen Übermut zu betragen. „Laß Dich nicht verleiten" — so schreibt er ihm wörtlich —, „an den Denunzianten irgendeine Rache auszuüben. Von einer so verächtlichen Menschenklasse mußt Du keine Notiz nehmen."

Einen in Gesinnung und Denkungsart Schiller kongenialen Dichter wollte Körner aus seinem Sohn bilden und immer und immer mahnte er den emporstrebenden und sich glänzend entfaltenden jungen Poeten, die höchsten Ziele der Kunst vor Augen zu halten und nach dem Ewigen und Göttlichen zu streben. Als Theodor Körner zum Hoftheaterdichter in Wien ernannt wurde, mit der Bestimmung, jährlich zwei große Stücke zu liefern, rät er ihm, nur ein Stück jährlich zu schreiben, das besondere geschichtliche Studien erfordert, und zu dem anderen nur einen Stoff zu wählen, den er fast allein aus sich selbst zu schöpfen hätte. Wahrhaft goldene Worte schreibt er ihm bei diesem Anlaß — Dresden, 28. Januar 1813: — „Ich traue Dir zu, daß Dein Ziel höher gesteckt ist, als auf Befriedigung der Eitelkeit durch vorübergehenden Beifall. Alles Heilige und Edle, was durch Poesie in dem Menschen erweckt und gepflegt werden kann, ist in Deine Hand gegeben. Seine höheren Zwecke darfst Du nicht ankündigen, Dir liegt zunächst ob, die Forderungen der Kunst zu befriedigen. Aber, wenn auf Deinem Wege sich eine Gelegenheit darbietet, für Wahrheit, Recht auf menschliche Würde mit Wärme zu sprechen, so wirst Du sie nicht versäumen, Du wirst nie zu der Klasse herabsinken, die durch Frechheit und Sophisterei eine Partie zu gewinnen sucht, die ihre Verworfenheit gar als Stärke des Geistes möchte gelten lassen. Was die Propheten des Alten Testaments waren, ist für das jetzige Zeitalter der Dichter. So hätte ich auch gern gewirkt, aber wohl mir, wenn Du ausführst, was ich gewollt hatte!"

Schon vorher hatte der Vater dem Sohn in einem langen Briefe über die Wahl seines Berufs die Ideen entwickelt, die ihm über die eigentliche Aufgabe des Künstlers beziehungsweise des Dichters, der Großes und Bleibendes schaffen wolle, vorschwebten. Wie ideal und erhaben sind die Gesichtspunkte, die er dort entwickelt! Man höre: „Macht zu haben über die edelsten Geister seiner Nation, ist ein herrliches Los, und ich habe zu Dir das Vertrauen, daß Du eine solche Macht nicht mißbrauchen würdest. Dein wichtigstes Geschäft sei also immer, keine Art von Ausbildung zu vernachlässigen, die zu einem vollendeten Dichter erfordert wird. Aber die Sicherstellung Deiner künftigen Existenz gegen dringende Bedürfnisse darf nicht von der Einträglichkeit Deiner poetischen Produkte abhängen. Dadurch würdest Du zum Sklaven des Publikums, zu dessen Beherrschung Du vielleicht berufen bist. Häusliches Glück darfst Du nicht entbehren, weil nach meiner Erfahrung kein anderer Vorteil für diese Entbehrung Ersatz gibt. Also ist neben der Poesie auf ein Geschäft zu denken, wodurch ein bestimmtes Auskommen gesichert ist. Denn der Gedanke, Dir dies auf eine bequemere Art durch eine reiche Heirat zu verschaffen und Dich dem dafür dem Joche drückender Familienverhältnisse zu unterwerfen, ist Deiner und meiner unwert. Manche sonst achtenswerte Geschäfte sind jedoch für einen dichterischen Kopf so prosaisch, daß Du schwerlich auf die Länge dabei aushalten würdest."

Als Theodor Körner, der Dichter und Held, glühend für Vaterland und Freiheit, 1813 mit dem Lützower Korps gegen die Fremdherrschaft kämpfte, billigte sein Vater seinen patriotischen Entschluß. Wie hätte dies auch anders sein können! Hegte doch der Alte von jeher dieselben vaterländischen Ideale, die die Seele Theodors erfüllten. Gerade um jene Zeit verfaßte er die schon genannte Flugschrift: „Deutschlands Hoffnungen". Er sucht darin die Leser zu der seelenerhebenden Betrachtung zu führen, was für herrliche Blüten und Früchte aus dem innern Reichtum des Vaterlandes hervorgehen würden, sobald es die eiserne Hand Napoleons nicht mehr fühle, die jetzt die edelsten Keime zerknickte. Man lese nur die nachstehenden Ausführungen, die noch heutzutage fast nach einem Jahrhundert in vielfacher Beziehung Beachtung verdienen:

„Mit Euch, deutsche Männer und Jünglinge," heißt es dort, „für die Unabhängigkeit unseres Vaterlandes an der Seite meines Sohnes zu kämpfen, hindern mich Amt und Jahre, aber verschmäht das Wenige nicht, was ich selbst vielleicht noch für die gute Sache zu leisten vermag. Nehmt freundlich einen Versuch an, Euch Bilder der Zukunft heraufzuführen, wie sie in den schönsten Momenten mir vorschweben, da das Vertrauen, daß Gott Eure Waffen segne, am lebendigsten ist. . . . Fremde Gewalt ist dem deutschen Volke, sobald es nicht durch innere Zwietracht geschwächt wird, weniger gefährlich als fremde Sitte, die sich durch eine glänzende Außenseite empfiehlt. Ein Übermaß von Bescheidenheit verleitet uns jede Eigenheit des Ausländers, die wir an uns vermissen, in einem schöneren Lichte zu betrachten. Daher das Bestreben, unsere Söhne und Töchter nach dem Muster eines Volkes zu bilden, bei dem Frivolität, Eitelkeit und Selbstgefühl einheimisch geworden waren. Wohl uns, wenn wir bei dem jetzigen Kampfe zur Besonnenheit erwachen und es dahin kommt, daß Flachheit, Herzlosigkeit und all der Flitterstaat, mit dem eine modische Erziehung prangt, nicht mehr für höhere Ausbildung gilt! Dann wird auch wahre Achtung für Frauen — ein Charakterzug, den schon Tacitus rühmt — in Deutschland wieder an die Stelle der Galanterie treten, die unter der Maske äußerster Unterwürfigkeit immer innere Geringschätzung erwirkt. So sehr es dem Deutschen verhaßt ist, seine Gefühle zur Schau zu stellen, so werden seine geheimsten Regungen dem weiblichen Scharfblicke nicht entgehen. Geehrte Frauen ehren sich selbst und erfüllen nicht nur ihre Bestimmung als Gattinnen und Mütter, sondern wirken auch mit milder Gewalt als Schutzgeister der Menschheit, um die Reinheit der Sitten zu bewahren, die Keime des Edlen zu pflegen und das heilige Feuer der Begeisterung zu rühren. . . .

Das deutsche Volk soll nicht auf der Stufe des glücklichen Gewerbefleißes stehen bleiben, sondern es hat eine höhere Bestimmung. Durch einen inneren Trieb, die Grenze des Sinnlichen und Irdischen zu überschreiten, hat es von jeher sich ausgezeichnet und manches ist darüber vernachlässigt worden, was den Kindern dieser Welt besser gelingt, als den Kindern des Lichts. Daher oft eine weniger glänzende Außenseite, aber desto mehr Beispiele von lebendigem Gefühl für Wahrheit und Pflicht, das unermüdete Forschen nach den verborgensten Schätzen der Erkenntnis, von Tiefe des Gemüts in den Darstellungen der Kunst und von brennendem Eifer für das Edle, Große, Heilige. Wo diese Vorzüge einheimisch sind, da eröffnen sich die herrlichsten Aussichten, sobald die Freiheit der gegenseitigen Mitteilung nicht mehr beschränkt ist. Ausartungen dieser Freiheit werden zwar nicht zu verhüten sein, aber um die Freiheit im Zaum zu halten, vermag deutsche Sitte mehr als äußerer Zwang. Auch wird die Wichtigkeit des Zeitpunktes Männer erwecken, die das Rechte auf rechte Art zu sagen wissen, ein Geschlecht, das für das Bessere empfänglicher geworden ist, wird ihre Stimme vermehren und wenn auf das Geschwätz der Falschheit, Unwissenheit, Leidenschaft und Philisterei niemand mehr achtet, so wird es früher oder später verstummen. . . .

Die Meisterwerke der Griechen entstanden, als sie gegen fremde Übermacht die Freiheit erkämpft hatten. Spätere Eroberungskriege bewirkten keine Fortschritte, und das weltbeherrschende Rom erwarb sich in der Kunst bloß das Verdienst einer mehr oder weniger gelungenen Nachahmung. In einem Staate, dessen Streben nur auf Vergrößerung gerichtet ist, kann es zwar Talente geben, die den

Mächtigen und Vornehmen die Zeit verkürzen, ihre Plätze schmücken und dafür ein reicheres Auskommen oder einen herablassenden Beifall ernten; aber die reine Flamme der Begeisterung entzündet sich nur in einem glücklichen Volke, das fremde Gewalt nicht fürchtet und nichts Fremdes begehrt. Die Kunst bedarf alsdann keiner irdischen Pflege, sondern gedeiht aus innerem Triebe auf einem fruchtbaren Boden, und was Liebe gab, wird mit Liebe empfangen."

Der Charakter und die Seelengröße Körners zeigten sich in dem Heldentum, womit er den furchtbarsten Schlag seines Lebens, den Tod seines Sohnes auf dem Schlachtfelde, der am 26. August 1813 erfolgte, aufnahm. In der Todesanzeige, die er von Großenhain aus, wohin er sich aus Dresden vor den Franzosen geflüchtet hatte, am 9. November 1813 erließ, heißt es u. a.: „Einen solchen Verlust zu erleben, findet der Vater Kraft in der Religion und in dem herzerhebenden Gedanken an den nunmehrigen Sieg der guten Sache, für die so mancher Tapfere Blut und Leben geopfert hat." Und an seinen Leipziger Freund Kunze schreibt er um jene Zeit: „Es ist mir gelungen, das Schlimmste der Mutter und Schwester nach und nach beizubringen. Es ergriff sie heftig; aber ihr Schmerz fand dort bald die Linderung der Tränen, und ihr Körper soll hoffentlich nicht leiden . . . Ich selbst fühle mich durch die göttliche Gnade wunderbar gestärkt. Mein Schmerz ist sanft, und sein Tod hat für mich eine seelenerhebende Wirkung. Als einen Schutzgeist werde ich ihn ehren und den Rest meines Lebens alles anwenden, um seiner wert zu sein, um für die große Sache, der er sich geopfert, auch in meinem Wirkungskreis nach meinen Kräften etwas zu leisten."

Die Grundsätze wahrer Humanität und edler Hilfsbereitschaft, die Körner in Wort und Schrift betätigte, übte er auch sonst in der Praxis bei vielen Anlässen. Wie er ein aufopferungsfreudiger Freund und Gönner Schillers war, so förderte er auch jedes ehrlich strebende und ringende Talent und suchte ihm die Bahn zu ebnen, die zum Erfolge führte. Er war es z. B., der den bekannten Dirigenten und Komponisten K a r l G o t t l i e b R e i ß i g e r — geboren 31. Januar 1798 zu Belzig bei Wittenberg und gestorben 7. November 1859 in Dresden — mit einem warmen Empfehlungsschreiben an H e i n r i c h M a r s c h n e r, den berühmten Komponisten und Kapellmeister der Dresdener Hofoper versah und diesen veranlaßte, Reißigers Oper „Didoné" zur Aufführung zu bringen. Der Bürgermeister Reißiger in Königstein in Sachsen, ein Sohn Karl Gottlieb Reißigers, hatte die Freundlichkeit, mir dieses bisher ungedruckte Schreiben Körners an Karl Gottlieb Reißiger, behufs Veröffentlichung, zur Verfügung zu stellen. Man wird dieses Schriftstück gewiß mit Interesse lesen:

„Ew. Wohlgeboren

wünscht Überbringer dieses, ein talentvoller Tonkünstler, namens Reißiger, empfohlen zu sein, und ich benutze diese Gelegenheit, mein Andenken bei Ihnen zu erneuern, um so lieber, da ich diesem jungen Menschen das beste Zeugnis geben kann. Er hat seine Schule zuerst in Leipzig bei Schicht für die Kirche, nachher für das Theater in Wien und München, besonders bei Winter, gemacht und hat jetzt Hoffnung, in Dresden seine Oper „Didoné", auf dem italienischen Theater aufzuführen. Seine Anspruchslosigkeit und Gefälligkeit nehmen sehr für ihn ein. Er komponiert auch kleine Gesangsstücke mit gutem Erfolg, versteht vortrefflich einen mehrstimmigen Gesang zu leiten und hat auch eine brauchbare Baßstimme. Von seiner Oper habe ich einiges mit vielem Vergnügen gehört.

Haben Sie denn gar keinen Trieb, sich einmal in Berlin umzusehen? Jetzt könnte Ihnen manches Interessante gezeigt werden. Leben Sie wohl und vergessen Sie Ihre entfernten Freunde nicht.

Berlin, 20. Januar 1824.

Körner."

Auch in den Briefen, die Körner mit verschiedenen namhaften Zeitgenossen führte, spiegelt sich sein selbstloser, für wahre Menschlichkeit eintretender Charakter ab. Bezeichnend in dieser Beziehung ist namentlich seine Korrespondenz mit dem Dresdener Archäologen Karl August Böttiger — geboren 8. Juni 1760 zu Reichenbach in Sachsen und gestorben 17. November 1835 in Dresden —. Verfasser der Schriften: „Sabina, oder Morgenszenen im Putzzimmer einer reichen Römerin" (Leipzig 1803) und „Amalthea", oder „Museum der Kunstmythologie und bildenden Altertumskunde"

(Leipzig 1820—25, 3 Bände) usw. Ich habe diesen Briefwechsel in der Handschriftenabteilung der Kgl. Bibliothek in Dresden entdeckt und teile daraus zur Kennzeichnung des Wesens Körners, aber zugleich auch als einen, wie ich glaube, nicht unwesentlichen Beitrag zur deutschen Geistesgeschichte am Ausgang des 18. und am Beginn des 19. Jahrhunderts hier einiges auszugsweise mit.

Zu Böttiger fühlten sich Körner und seine Familie besonders hingezogen, denn der hervorragende Archäolog war auch ein ausgezeichneter Mensch, dem nichts fremd war, was Sache der Menschheit ist. Von ihm schrieb Prof. Hasse ein schönes Wort: „Das ganze Gebiet der Zivilisation zog durch die Zaubermacht der Humanität den herrlich begabten Menschen fortwährend an, es erregte sein Mitgefühl, seine Begeisterung, seinen Tätigkeitstrieb." Er stand mit den namhaftesten Männern seiner Zeitgenossen in regem persönlichen und brieflichen Verkehr und Goethe, Schiller und Wieland z. B. hielten große Stücke auf ihn.

Aus Dresden, 5. Januar 1799, schreibt Körner an Böttiger, der von 1791 bis 1804 als Konsistorialrat und Direktor des Gymnasiums in Weimar lebte:

„Ew. Wohlgeboren

sind zu geneigt, eine gute Sache zu befördern, als daß ich Bedenken tragen sollte, Sie um eine Gefälligkeit zu bitten, die Ihnen vielleicht einige Mühe verursachen wird. Der hiesige Stadtrat will ein Leichenhaus bauen, und eine Person, die sich besonders tätig dabey*) bewiesen hat, mit der ich von dem Leichenhause in Weimar sprach, wünscht umständliche Nachrichten von dieser Einrichtung zu haben. Ich erinnere mich, eine kleine Schrift darüber gesehen zu haben, wo auf dem Titel eine Abbildung von dem Hause war. Sie hätten wohl die Güte, mir die Schrift zu schicken und mir sonst etwa anzugeben, wo ich Nachrichten von dieser Anstalt fände. Mit Vergnügen würde ich Ihre Auslagen erstatten, deren Betrag ich mir zu melden bitte.

Wäre Ihre Entfernung von Dresden nicht so groß*), so würde ich Sie einladen, auf den 21. Junius eine Aufführung der Naumann'schen Composition von Klopstocks: „Vater Unser" mit anzuhören. Es ist eine von seinen besten Arbeiten. Die Aufführung geschieht in der Kirche zu Neustadt und die Stimmen werden ziemlich stark vertreten sein.

Empfehlen Sie mich dem Herder'schen und Wieland'schen Hause und allen, die sich unserer in Weimar erinnern.

Herder erscheint jetzt als ein wackerer Kämpfer auf dem Gebiete der Philosophie und es gehörte wirklich viel Mut dazu, es mit einer so zahlreichen Partei aufzunehmen, die manche gute Köpfe unter sich hat."

Böttiger erfüllte den Wunsch Körners bezüglich Mitteilungen über ein nach dem Weimarer Mu-

---

*) Ich gebe die Orthographie Körners in treuer Kopie wieder.
**) Daß die Verbindung zu jener Zeit zwischen Dresden und Weimar eine sehr mühselige und zeitraubende war, versteht sich von selbt.

ster in Dresden zu errichtendes Leichenhaus und Körner dankte ihm in einer Zuschrift vom 28. Juni 1799, wo es u. a. heißt:

„Ew. Wohlgeboren

danke ich verbundenst für die gütige Mitteilung der gebetenen Nachrichten, Sie haben den Wunsch der hiesigen obrigkeitlichen Person, von der ich Auftrag hatte, vollkommen befriedigt. Wohl Ihnen, daß eine so nützliche Anstalt so bald und mit so gutem Erfolg zu Stande gekommen ist! Bey uns, fürchte ich, wird man lange mit mancherley Vorurteilen und Schwierigkeiten zu kämpfen haben.

Um mir zu einer Reise nach Weimar Lust zu machen, bedarf es gar keiner besonderer Feste. Was ich jederzeit dort finde, ist anziehend genug. Aber diesen Sommer bin ich nicht im Stande, mich zu entfernen. Bei meiner Stelle sind keine Ferien, und ehe ich alle vorgefundenen Reste aufgearbeitet habe, kann ich füglich keinen Urlaub nehmen.

Iffland*) ist hier durchgereist, ohne daß ich ihn gesehen habe. Er hat sich nur zwei Tage aufgehalten und wir hofften vergebens, ein paar Vorstellungen von ihm zu sehen. Freylich konnte man ihm nicht zumuten, mit der Gesellschaft auf dem Linke'schen Bade zu spielen und eine andere haben wir jetzt nicht hier.

Das Klopstock-Naumann'sche „Vater Unser" ist sehr gut aufgeführt worden und hat eine treffliche Wirkung gemacht. Dabei sind nach Abzug

---

*) Der große Schauspieler und damals Leiter des Berliner Nationaltheaters.

der Kosten von der Einnahme über 1000 Thaler für Wasserbeschädigte und andere Arme übrig geblieben. Vielleicht wird es im August nochmal gegeben."

Auch von Berlin aus setzte Körner seine Korrespondenz mit Böttiger fort. Gleich nach seiner Übersiedlung nach der preußischen Hauptstadt teilt er ihm in einem Briefe vom 30. Mai 1815 mit, daß er alle Ursache habe, mit seinem Aufenthalt zufrieden zu sein. Er werde sogar von manchem beneidet, der jetzt nach Torgau oder Merseburg genötigt sei: „Es fehlt in dem Preußischen Staate gewiß nicht an Männern, die für Wissenschaft, Kunst und andere würdige Zwecke gerne etwas Vorzügliches leisten möchten. Nur werden manche Vorkehrungen jetzt durch die Ausgaben des Krieges gehemmt." Er, Böttiger, habe jetzt bei den politischen Veränderungen in Dresden kaum etwas zu besorgen, wohl aber die sächsischen Minister. „Etwas bange ist mir für Herrn Minister Nostitz, der durch einige Höflichkeiten gegen die Preußen seine ketzerische Denkart vielleicht zu deutlich ausgesprochen hat." Überaus wohl tut ihm die Sympathie, die Böttiger für Theodor Körner empfand. Als der gramgebeugte Vater erfährt, daß auf Anregung Böttigers in Dresden ein „Theodor Körner-Verein" ins Leben gerufen sei, schreibt er ihm — Berlin, 9. Juli 1815 — die folgenden schönen Worte:

„Ew. Wohlgeboren
muß ich ersuchen, meine und der Meinigen innige Dankbarkeit zu dem edlen Verein zu versichern,

der das Andenken meiner Kinder auf eine so geistvolle und rührende Art geehrt hat. Fast fühle ich mich durch eine so auszeichnende Teilnahme zu einer Zeit beschämt, wo so mancher als Opfer gefallene Mann oder Jüngling nach einer rühmlich vollbrachten Laufbahn von den Seinen im Stillen betrauert wird. Indessen hat es allerdings etwas besonders Ergreifendes, wenn der Tod zwei liebende Geschwister vereinigt, und ich kann dem Publikum die Erscheinung nicht mißgönnen, daß zu einer Zeit, wo so Viele durch einen Kummer gedrückt sind, es noch Gemüter gibt, die über fremdes Leid auf eine so schöne Art das Mitgefühl aussprechen."

Auf die Nachricht Böttigers, daß er im Sommer 1821 nach Berlin zu Besuch kommen wolle, schreibt ihm Körner, daß er es bedauern müsse, daß der Freund gerade jene Zeit zu seiner Fahrt gewählt habe, weil er mit seiner Gattin nach Löbichau zum Besuch der Herzogin Dorothea von Kurland sich begeben müsse. Dann heißt es in dem vom 6. Juni 1821 datierten Briefe u. a.: „Berlin werden Sie seit 96 sehr verändert finden und an dem neuen Schauspielhause Ihre Freude haben. Schade, daß die hiesigen Kunstsachen, die sich bedeutend vermehrt haben, noch nicht in dem neuen Akademiehaus aufgestellt sind, wie der Plan ist. S c h i n k e l macht sich sehr um Berlin verdient, und es ist zu bedauern, daß Finanzrücksichten den Staat nötigen, einen solchen Architekten nicht so, wie es zu wünschen wäre, zu benützen. R a u c h und T i e c k haben viel geleistet, und unter den

Malern zeichnet sich jetzt außer **Wach** und **Schadow** ein junger **Begasse** aus Köln aus, von dem Sie ein tüchtiges Altarblatt in der Domkirche sehen werden. Die Aufführung der Oper unseres **Webers***) verschiebt sich, wegen Dekoration und Maschinerie, die noch nicht fertig sind, aber während Ihres Hierseins ist sie zu erwarten. Zu dem Vergnügen des mir sehr werten Webers kann ich leider wenig beitragen. Die Zeit, da ich in Dresden eine Art von Haus machte, ist vorbey. Wir leben hier sehr zurückgezogen, und Weber, der hier sehr geschätzt wird, muß sich in anderen Häusern sehr viel besser befinden."

Schließlich mag noch eines Briefes Erwähnung getan werden, den Körner an Böttiger am 29. Dezember 1821 aus Berlin richtete, als dieser ihm eine Nummer der Dresdener Abendzeitung (Jahrgang 1821, Nr. 334) zusandte, worin ein Körner bisher unbekannter Brief Schillers abgedruckt war. In diesem Dankesschreiben heißt es unter anderem sehr zutreffend:

„Es gehört meines Erachtens zu den Leiden der Celebrität, daß von berühmten Verstorbenen auch noch Briefe gedruckt werden. Ich hätte mich nicht entschließen können, in die Schiller'schen Werke diesen aufzunehmen. Auch die Briefe an Dalberg aus Schillers frühesten Zeiten hätten nicht bekannt werden sollen. Von der Witwe habe ich keine Briefe mitgeteilt erhalten, wohl aber von

---

*) Es handelt sich um die erwähnte Oper Webers: „Der Freischütz", die bekanntlich am 18. Juni 1821 zum ersten Mal in der Berliner Königlichen Oper aufgeführt wurde.

Humboldt, der aber einen Teil derselben eingebüßt hat. Auch in Taschenbüchern habe ich interessante Briefe gefunden, u. a. einen von Maria Stuart, der in Ihren Händen gewesen war. Ich machte damals Herrn Cotta darauf aufmerksam und forderte ihn auf, mit Ihnen in Verhandlungen zu treten, da ich es für indiskret hielt, Ihnen zuzumuten, mir aus bloßer Gefälligkeit diese Briefe mitzuteilen. Herr Cotta hat nicht darauf geachtet, auch ist ein anderer Versuch vergeblich gewesen, durch die verwitwete Gräfin Münster in Kopenhagen die Briefe zu erhalten, die Schiller, wie ich vermutete, über seine Briefe an den Herzog von Holstein und den Grafen Schimmelmann geschrieben hatte. Es bleiben mir also nur die Briefe an Herrn von Humboldt*) und an mich zu benutzen übrig. Den Biographen Döring**) kenne ich nicht und wünsche nur, daß er nicht darauf ausgehe, das Publikum mit falschen oder halbwahren Anekdoten zu unterhalten. Aus mehreren Nachrichten habe ich absichtlich nur solche gewählt, die von Schiller ein Bild liefern könnten, bei dem seine Freunde gern verweilen.

Tiecks Auslassung über die Aufführung des Prinzen von Homburg habe ich mit Interesse gelesen. Es scheint ihm in Dresden zu gefallen,

---
*) Dieselben sind bekanntlich später erschienen und gedruckt worden. Sie befinden sich u. a. auch in der von Fritz Jonas besorgten Gesamtausgabe des Schillerschen Briefwechsels in sieben Bänden.
**) Döring veröffentlichte verschiedenes Biographisches, zumeist Anekdotisches über Schiller, und in seinen Arbeiten pflegt er mit großer Vorliebe Wahrheit mit Dichtung zu vermengen.

und er wird hier nur ungern entbehrt. Man hofft von ihm die Shakespeare'schen Werke übersetzt zu erhalten, die Schlegel zurückgelassen hat. Vossens Übersetzung scheint kein Glück zu machen, wie ich erwartete."

Körner, der nie aus seiner deutschen Gesinnung ein Hehl machte und stets die große nationale Sache im Auge hatte, hatte sich längst einen Wirkungskreis, wo er seine politischen Ideale zu verwirklichen hoffte, geschaffen. Als solcher erschien ihm Preußen, das den Kampf gegen den Erbfeind aufgenommen und durchgeführt hatte. Willig war er daher im März 1815 einem Rufe **Hardenbergs**, der ebenso wie Körner tätiger Maurer war, gefolgt, in den preußischen Staatsdienst zu treten. Er wurde zum Mitglied des preußischen Staatsrates und später zum Geheimen Ober-Regierungs-Rat ernannt, als welcher er am 13. Mai 1831 in Berlin starb, als hochverdienter Patriot und Staatsbeamter von aller Welt geliebt und verehrt und als Förderer der Kunst und Wissenschaft, speziell der Musik, in den weitesten Kreisen einen großen Einfluß ausübend.

Als der der Familie Körner befreundete Hofrat **Parthey** den Staatsrat 1815 zum ersten Male in Berlin erblickte, wurde er aufs tiefste ergriffen; er schreibt darüber in seinen Jugenderinnerungen[*]: „Es gab ein trauriges Wiedersehen. Das männlich schöne Gesicht des alten Staatsrates war tief gefurcht und glich einer im Schmerze erstarrten

---

[*] Band II, Seite 55.

tragischen Maske. Die Staatsrätin schien um 20 Jahre gealtert. Wir sahen sie beide seitdem nie anders als in schwarzen Kleidern. . . . In der Körner'schen Wohnung befand sich ein abgelegenes Zimmer, zu dem nur die Familie Zutritt hatte. Hier lag der Nachlaß von Theodor und Emma — diese war zwei Jahre nach dem Tode ihres Bruders gleichfalls gestorben —, Andenken und Reliquien, von denen die Angehörigen sich nicht trennen konnten. Alljährlich an den Geburtstagen der verlorenen Lieben sättigten sie durch die Erinnerung ihren Schmerz."

Als Staatsbeamter entwickelte Körner in Berlin eine sehr heilsame Tätigkeit. Hauptsächlich galt seine Fürsorge den Schullehrern, die in Dürftigkeit schmachteten. Die ganze Liebe und Verehrung, die ihm entgegengebracht wurde, zeigte sich anläßlich seines 50jährigen Doktorjubiläums. Der damalige Kultusminister Wilhelm v. Humboldt feierte in einer tiefgefühlten, geistvollen Rede seine Verdienste um das Vaterland, um Kunst und Literatur. Ergreifend war die Antwort des Jubeldoktors. Er dankte als Theodor Körners Vater in seiner schlichten Anspruchslosigkeit und Bescheidenheit, jedes andere Verdienst von sich weisend.

Das Ableben des Freundes Schillers erregte in ganz Deutschland und weit über dessen Grenzen hinaus, die lebhafteste Teilnahme. Treffend zeichnete seine Bedeutung Wilhelm v. Humboldt in einem Kondolenzschreiben, das er an die Witwe Körners richtete. Dort heißt es u. a.: „Der Dahingeschiedene hat ein in jeder Art schönes und edles Leben abgeschlossen; es war auch ein sehr glückliches, am meisten durch das Zusammenleben mit Ihnen, das Sie ungestört und ununterbrochen genossen, durch den Ruhm Ihres Sohnes, der der Bitterkeit um ihn etwas Höheres beimischte; dann aber auch durch seine Freundschaft mit Schiller, durch seinen tätigen und lebhaften Anteil an dem Geistesgroßen und -schönen, das seine Zeit hervorbrachte. So wird sein Andenken fortleben." Und der evangelische Bischof N e a n d e r sprach das schöne Wort: „Sein Glauben war zum Leben, zum Leben der Liebe geworden und hatte in ihm den frommen und unermüdlichen Eifer entzündet, wodurch er sich als den wärmsten Teilnehmer an jeder gemeinnützigen Anstalt, an jedem Fortschritte der Bildung, als den willigsten Fürsprecher der Armen und Bedrängten, als den sorgsamsten Pfleger edler Anlagen und Kräfte bewährte . . . . Die christliche Fassung, die Du unter allen Widerwärtigkeiten behauptetest, mit der Du Deine herbsten Verluste, den Tod Deiner Lieben, ertrugst, der edlen Tochter, die Dein Ebenbild war, und des hochherzigen Sohnes, von dessen Begeisterung die Geschichte reden wird, solange sie der Kämpfe um das Heilige gedenkt, diese christliche Fassung soll uns ein Vorbild sein zum gelassenen Erdulden des Schmerzes, den uns Deine Trennung gebracht hat."

Königin Louise von Preussen
und die Freimaurerei

Eines der herrlichsten Ruhmesblätter in der Geschichte der glorreichen Dynastie der H o h e n z o l l e r n bilden die Beziehungen dieser Dynastie zu der Freimaurerei. Allezeit haben die Hohenzollern als wohlwollende Gönner des Ordens sich erwiesen, von dem Schöpfer des preußischen Großstaates, von Friedrich dem Großen an, bis auf den heutigen Tag haben diese Herrscher die gewaltigen ethischen und geistigen Kräfte, die in der Maurerei walten, sich frei entfalten lassen und haben den idealen Bestrebungen der Loge das lebhafteste Verständnis entgegengebracht und sie unter ihre schützenden Fittiche genommen. In meinem großen illustrierten Prachtwerk „Die Hohenzollern und die Freimaurerei" habe ich auch die urkundlichen Beweise für diese meine Behauptung beigebracht. Während jedoch die Stellung der Hohenzollern'schen Dynastie zur Maurerei feststeht, ist die Frage, wie sich die Königinnen der Dynastie zu den Maurerischen Bestrebungen gestellt haben, noch keineswegs mit erschöpfender Gründlichkeit behandelt worden. Indem ich mir vorbehalte, dieses in meinem Werke noch unerörterte Kapitel in einer besonderen Abhandlung, bezw. einer eingehenden Schrift, des Näheren darzulegen, mag es mir nur heute gestattet sein, einiges über die Beziehungen der „Königsrose" zu unserem Orden zu erzählen.

Ich verdanke die urkundlichen Mitteilungen, bezw. die Unterlage zu meinen Ausführungen hauptsächlich der Loge „Memphis" in Memel. Durch ihr Entgegenkommen bin ich in die Lage versetzt, die in den Archiven der Loge ruhenden und bisher noch nie veröffentlichten Aktenstücke zu publizieren. Nicht minder verpflichtet bin ich dem Bundesdirektorium der großen National-Mutter-Loge „Zu den drei Kugeln" in Berlin, daß sie der genannten Loge Memphis die Erlaubnis gegeben hat, ihre Archive für diese Publikation mir zu öffnen, bezw. ihre Akten mir zur Verfügung zu stellen.

Der Gemahl der Königin Luise, Friedrich Wilhelm III. von Preußen, der Vater des ersten Deutschen Kaisers Wilhelm I., soll, wie Lenning in seinem „allgemeinen Handbuch der Freimaurerei" behauptet, im Jahre 1814 zu Paris, als er mit seinen Verbündeten als Sieger in der französischen Hauptstadt eingezogen war, in den Bund aufgenommen sein. Da jedoch alle bei der Aufnahme Anwesenden verpflichtet worden seien, jedem außerhalb des Bundes Stehenden, insbesondere aber preußischen Untertanen gegenüber, unverbrüchliches Stillschweigen zu bewahren, sei diese Tatsache erst nach dem Tode des Königs bekannt geworden. Lenning versichert, daß er die Tatsache der Aufnahme aus dem Munde des Geheimrats Dr. Borck, des späteren Hof- und Privatsekretärs des Königs und Kaisers Wilhelm I., wiederholt vernommen habe. Leider haben wir keine Urkunden und Aktenstücke darüber, doch ist die Aufnahme des Königs sehr wahrscheinlich, da ihr der Charakter und die ganze Handlungsweise Friedrich Wilhelms III. zur Seite steht, der allezeit ein sehr wirksamer Gönner und Beschützer der Freimaurerei war und ihr wiederholt Beweise seiner Huld und seiner Zuneigung gab. Das größte Verdienst um den Orden erwarb er sich namentlich durch sein berühmtes Edikt vom 20. Oktober 1798, worin er die damals in Berlin bestehenden Mutterlogen und die von ihnen gestifteten Tochterlogen gegen politisch-polizeiliche Verfolgungen schützte, ihnen dadurch eine Ausnahmestellung gewährend, wodurch sie sich in segenbringender Weise zu ihrer heutigen Blüte in Preußen zu entwickeln vermochten. Die Loge erfreute sich denn auch unter der toleranten Regierung Friedrich Wilhelms III. der vollkommensten Ruhe, während sie in anderen Staaten wiederholt aufs heftigste befehdet und verfolgt wurde. Den Dank hat ihm denn auch der Orden nicht vorenthalten und es nicht unterlassen, bei vielen Gelegenheiten den Monarchen für sein humanes und leutseliges Verhalten zu preisen und zu feiern. Der patriotische Sinn der preußischen Maurer, die glühende Begeisterung der Bbr. für König und Vaterland, die sich allezeit in glücklichen wie in trüben Tagen zeigte, bewährte sich auch in den traurigen Kriegsjahren gegen Napoleon I. Die patriotischen Kundgebungen seitens der Loge veranlaßten den König wiederholt zu Dankeszuschriften. Dies geschah z. B. auch am 5. August 1808, als Friedrich Wilhelm III. von Königsberg aus, wo er und seine Gemahlin Luise sich damals im Exil aufhielten, anläßlich der seitens der Logen ihm gewordenen

Beglückwünschung zu seinem Geburtstage das nachstehende in der großen National-Mutterloge in Berlin aufbewahrte allerhöchste Kabinettschreiben erließ:

Bei dem Bestreben der Freimaurerei, vereint Treue gegen Gott und Vaterland und Anhänglichkeit gegen den Landesherrn zu befördern und bei ihren noch engeren Verbindungen dazu, können ihre Bemühungen nichts anders als wohltätig für das Ganze sein. Mit Rührung nehmen Se. Kgl. Majestät von Preußen die Versicherung hierüber von den Repräsentanten der Vereine, Guionneaux, Prof. v. Castillon und Geh. Obertribunalsrat Klein an und tragen ihnen auf, von Allerhöchst Dero Dank für die an Ihrem Geburtstag geäußerten Empfindungen und Wünschen die Dolmetscher bei ihrem Verein zu sein.

Königsberg, 5. August 08.

gez. Friedrich Wilhelm III.

Wie der König so war auch die unvergeßliche und unsterbliche Königin Luise, die die edle und humane Gesinnung ihres Gatten in jeder Beziehung teilte und sowohl von der Vaterlandsliebe wie dem Wohltätigkeitssinn der preußischen Maurer aufs tiefste überzeugt war, eine aufrichtige und wahre Verehrerin des Ordens. Von dieser ihrer so wohlwollenden Gesinnung hat sie bei verschiedenen Anlässen glänzende Beweise gegeben. Am 13. März 1804, an dem Geburtstage der allbeliebten Landesmutter, machte der damalige Meister vom Stuhl der Loge „Zu den drei Zirkeln" in Stettin,

Br. Sell, den Vorschlag, die Sammlungen für die Armen an jenem Festtage zur besseren Pflege bedürftiger Kranken weiblichen Geschlechts, die sich zur Aufnahme in das dortige Städt. Krankenhaus nicht eigneten, zu verwenden. Dieser Vorschlag fand großen Beifall und die Sammlung ergab eine bedeutende Summe. In einer Konferenz vom 17. März 1804 wurde nun der Beschluß gefaßt, ein Institut für diesen Zweck zu gründen und die Königin zu bitten, der Stiftung ihren Namen beilegen zu dürfen. Die Monarchin antwortete aus Potsdam, den 16. April 1804 hocherfreut zustimmend:

Die Errichtung eines Verpflegungsinstituts für weibliche Kranke ist an sich schon ein so schönes Unternehmen, daß Ich mehr noch demselben Meinen Beifall schuldig bin, da die Herren Meister, Vorsteher und Sekretäre der Freimaurerloge „zu den drei Zirkeln" in Stettin nach dem Schreiben vom 22. v. M. diese Errichtung daselbst zu einer Feier Meines Geburtstages beschlossen und eingeleitet haben. Mit Vergnügen gebe ich demnach nicht nur meine Einwilligung, daß dieser Stiftung Mein Name beigelegt werden möge, sondern übersende gern auch in dem beikommenden 10 Friedrichsdor einen Beitrag, der zu meinem Bedauern zwar für den Endzweck sehr unbedeutend ist, den Ich aber, nach Anderweiten, auf Meine Almosengelder bestimmt schon gegebenen Anweisungen nicht erhöhen kann und der wenigstens zureichen wird, den Herren Unternehmern Meine guten Wünsche für den besten

Erfolg ihrer wohltätigen Absicht an den Tag zu legen.

Luise.

Aus diesem Geschenk der Königin sowie aus den Summen der ersten Sammlung und schließlich 100 Talern der Logen-Armenkasse zu Potsdam wurde ein Jahr darauf ein eiserner, unantastbarer Fond unter dem Titel „Luise-Stiftung" begründet. Die Ausgaben sollten nur durch eine Sammlung freiwilliger Beiträge an dem jeweiligen Geburtstage der Königin gedeckt werden. Diese flossen dann auch so reichlich, daß im darauffolgenden Jahre 1806 bereits der Beschluß gefaßt werden konnte, den Kranken außer Arzneien auch Verpflegungsgelder zu verabfolgen. Die in dem angeführten so denkwürdigen Schreiben der Königin sich kundgebende huldvolle Gesinnung für den Orden betätigte sie allezeit demselben gegenüber, und zwar nicht allein in Potsdam, sondern auch in den andern Städten ihres jeweiligen Verweilens.

Bekanntlich besuchte das Königspaar von Preußen 1802 auch Ostpreußen und verweilte u. a. auch in Memel. Die ganze Bevölkerung dieser an der äußersten Grenze der Monarchie gelegenen Stadt und auch das dortige Maurertum huldigten dem König und der Königin in wahrhaft begeisterter und erhebender Weise. Es gereicht mir zur Freude, an dieser Stelle einen Auszug aus dem Jahresbericht 1802 der Loge „Memphis" in Memel mitteilen zu können, woraus er sichtlich ist, wie sehr die Kundgebungen der Bbr. das Herz der edlen Kö-

nigin bewegten und mit welcher Sympathie sie die
Beweise der Treue und Liebe seitens ihrer Landeskinder annahm. Es heißt in diesem bisher noch
ungedruckten und hier zum erstenmal veröffentlichten Jahresbericht u. a.:

.... „Auch als Memels Einwohner nach langem sehnsuchtsvollen Warten das Glück hatten,
unsern Landesherrn und Höchstdessen Gemahlin in
ihrer Mitte zu sehen und sie mit Jubelstimmen zu
empfangen, fanden auch wir Gelegenheit, unsere
Liebe und dankbaren Empfindungen Se. Majestät
dem König und der Königin in Überreichung zweier
Carmen durch unsere deputierten Bbr. Simpson,
Tarrasch und Lorck ehrfurchtsvoll zu bezeugen,
die Se. Kgl. Majestät mit besonderer Gnade und
Wohlgefallen zu empfangen geruhten, sich darauf
nach dem Meister vom Stuhl und dem Personal
unserer Loge erkundigten und uns Ihres Schutzes
und Gnade mit der Hinzufügung versicherten, daß
es Ihnen zu erfahren angenehm sei, wie die Loge
sich auch hier der Armen annehme. Wir glauben
nicht den Zweck zu verfehlen, wenn wir einem
Hochwürdigen, altschottischen Direktorium der
Hochwürdigen großen National-Mutterloge von denselben gedichtet und auf dem Bande der Carmen
ausgeführten Ideen in Abschrift überreichen. Bei
der Erinnerung eines angenehm und schätzbaren
Vergnügens müssen wir auch noch bemerken, daß
wir während der Anwesenheit Se. Majestät des
Königs mit jedem Tag des Abends für alle anwesenden Bbr. Freimaurer in unserer Loge offene
Tafel hatten. Wir ließen die fremden Bbr. durch

eine Deputation unserer Loge invitieren und verlebten während dieser Tage mit einem Besuch von 238 Bbr. die Abende in brüderlicher Freude."

Nun folgt eine Beschreibung der bei der Anwesenheit des Königspaares in Memel durch die genannten Deputierten der Loge Memels, Memphis, überreichten beiden Carmina. Indem wir hier die Beschreibung des Exemplars für den Monarchen auf sich beruhen lassen, sei nur der des Exemplars für die Königin Erwähnung getan. Die Loge gab durch die Veröffentlichung dieses Kunstwerks ein schönes Beispiel ihres künstlerischen Geschmacks, denn der Deckel, der das Gedicht enthielt, war von hellblauem Samt und an allen 4 Seiten mit silbernen Fransen besetzt. Auf der Vorderseite erhob sich ein Piedestal, worauf eine Sphinx als Sinnbild der Schönheit und Stärke thronte. Neben ihr erblickte man die Attribute Merkurs. Auf dem Piedestal war die Inschrift angebracht: „Der besten Königin geweiht!" Diese Inschrift war von der Muse der Geschichte in das Jahrbuch der Zeit geschrieben. Darauf gewahrte man 3 Kränze von Eichen, Rosen und Myrthen. Sowohl die Vorder- wie die Rückseite waren mit Kornähren und Kornblumen als Sinnbilder des Nützlichen und Angenehmen in Silber eingefaßt; in dem Gedicht selbst figurieren als Vignette 2 Delphine, die auf der Oberfläche des Wassers spielen und sich aneinander stellen, damit sie den Buchstaben L bilden und so gleichsam symbolisch ausdrücken, daß alle Elemente sich freuen. Am Schlusse waren Kornähren und Kornblumen angebracht.

Die beiden Carmina überreichten nun die Deputierten auf Kränzen. Der Kranz aus Lorbeer und Eichenzweigen war für das des Königs, der aus Rosen, Myrthen, Veilchen und weißen Lilien für das der Königin bestimmt.

Hier nun der Text des Gedichts, das in beredter Weise von der Liebe und Verehrung der Brüder in Memel Zeugnis ablegt, und das als ein Gelegenheitsgedicht in Goethe'schem, d. h. in bestem Sinne bezeichnet werden kann. Dasselbe hatte folgenden Wortlaut:

Wo ist ein Herz, das heute nicht Louisen
Von Dank und Liebe froh bewegt,
Mit dem Gefühl des glühendsten Entzückens
Auf dieser Flur entgegenschlägt?

Wer fleucht ihr nicht mit Dankbarkeit entgegen,
Wenn sie, die Huldgöttin, erscheint?
Sie, welche mit dem Glanz der Königskrone
Auch alle Tugenden vereint.

Schon lange harrten an der Ostsee Wogen
Wir, holde Landesmutter, Dein:
Wird sie, die sanfte Schutzgöttin des Landes,
Einst unsrer Liebe Zeugin sein?

So fragten wir, da kamst Du, uns zu segnen
An unsres guten Königs Hand,
Und mit Gefühl der Dankbarkeit und Liebe
Empfängt Dich hier ein glücklich Land.

Wir bauen Dir nicht Tempel und Altäre,
Nein! Unser Herz sei der Altar!
Und bringen Dir statt einer Opferweihe
Gefühl der frohen Liebe dar.

Wir wollen hier in stillen Maurerhallen
Uns Deiner sanften Güte freun,
Und froh in Dir des Herzens Huldigungen
Der Weisheit und der Schönheit weihn.

Gibst Du als Gattin nicht dem Landesvater
Durch Liebe hohes Erdenglück?
Und sorgst Du nicht als Mutter auf dem Throne
Für Deiner edlen Kinder Glück?

Und bindet nicht an Preußens gute Bürger
Dich, Königin, der Liebe Band?
An Friedrich Wilhelm und Louisen kettet
Die Dankbarkeit ein glücklich Land.

Sei uns gesegnet! In der Tugend Tempel
Soll unser Herz Dir Opfer weihn.
Wir wollen Friedrich Wilhelm und Louisen
Uns sterbend noch als Maurer freun.

Die Königin freute sich sehr über dieses Gedicht und sprach den Deputierten in ihrer liebenswürdigen und graziösen Weise ihren herzlichen Dank für die in dem Carmen ausgedrückte Treue und loyalen Gefühle aus. Auch in den traurigen Jahren des Exils, als das vor Napoleon flüchtende Königspaar in Memel und Königsberg Zuflucht suchte und fand, gaben die ostpreußischen

Logen ihren erlauchten königlichen Gästen wiederholt Beweise ihrer Anhänglichkeit und unerschütterlichen Untertanentreue. Dies war auch 1808 der Fall, als der König und die Königin nach dem Friedensschluß von Memel nach Königsberg übersiedelten. Die seit dem 21. März 1773 bestehende Johannisloge zum Totenkopf z. B. brachte dem Monarchen am 3. August 1808 zu seinem Geburtstag aufrichtige und herzliche Ovationen entgegen, die der Königin eine besondere Freude bereiteten. An allen Veranstaltungen, die von der Königsberger Bürgerschaft zu Ehren des Königspaares arrangiert wurden, nahm auch die genannte Loge regen Anteil. Zum Geburtstag der Königin, als die Gärten am Schloßteich, die Schloßteichbrücke, der Schloßturm und sogar einige Windmühlen illuminiert waren, wurde in der Loge selbst ein feierliches Kapitel abgehalten. Aber nicht nur die hier genannten Logen, sondern auch alle übrigen, speziell die 3 Berliner Großlogen unterließen es nicht, dem König und der Königin in jener Zeit der schweren Bedrängnis des gebeugten Vaterlandes treue Beweise ihrer huldigenden Dankbarkeit zu geben. So sandten — um nur eine Tatsache herauszugreifen — die 3 Berliner Großlogen am 19. Juli 1808 eine Huldigungs-Adresse an das Hohe Paar, darin hieß es u. a.: „Wie verschieden auch die Rituale oder Systeme der 3 Abteilungen der Großlogen des Freimaurervereins in preußischen Staaten sein mögen, so kommen sie doch in allen praktischen Wahrheiten in demjenigen, was jeder bessere Mensch unter allen Verhältnissen für gut und recht erkennt, brüderlich überein, vorzüglich aber in der gehorsamsten Anhänglichkeit an Euer Majestät geheiligte Person. Eben deshalb glauben die von den einzelnen 3 Abteilungen gewählten Vorsteher oder Großmeister, die hier unterschrieben, in der gegenwärtigen verhängnisvollen Zeit, wo ernste Tugend und männlichen Sinn zu lehren, ein noch dringenderes Bedürfnis als je ist, etwas zu dem Zwecke Dienliches zu bewirken, wenn sie über gewisse Zwecke sich näher verbinden. Ohne die verschiedenen Formen in ihrer eigentlichen Arbeit zu ändern, haben sie unter sich Grundsätze und Maßregeln festgesetzt, wodurch die allgemeine Ordnung und Würde des gesamten Freimaurer-Vereins noch immer erhöht und gesichert wird."

Es war kein Zufall, sondern gleichsam eine Naturnotwendigkeit, wenn Prinz Wilhelm von Preußen, der spätere Prinzregent, König und Kaiser Wilhelm I., während seines ganzen langen und ruhmvollen Lebens als der treueste, beharrlichste und überzeugteste Freimaurer sich bewährte und der Protektor der Logen wurde. Wenn er hoheitsvoll den Tempel gebaut und unergründlich den Stein behauen und dem Weltenmeister vertraut hat, so war sein Vorbild in der Maurerpflicht vor allem seine große und erhabene Mutter Luise. Deshalb sind auch die Freimaurer in erster Linie dazu berufen, die Erinnerung an eine der edelsten Königsfrauen, die je gelebt, an Luise von Preußen, in dankbarem Herzen zu bewahren und auch ihrerseits jenem weiblichen Genius zu huldigen, der in guten wie in schlimmen Tagen als leuchtendes Symbol über Preußen und Deutschland schwebte.

Eine Verordnung Kaiser
Josephs II. von Oesterreich
betreffs der Freimaurer
und die Schriften für und gegen

Die österreichischen Freimaurer, die in der zweiten Hälfte des 18. Jahrhunderts so viele Verfolgungen zu erdulden hatten, waren unter der Regierung des Titus und Marc Aurel auf dem Throne der Habsburger, Kaiser J o s e p h s II., verhältnismäßig noch am wenigsten Drangsalen und Maßregelungen ausgesetzt. Er war zwar kein Freimaurer, aber immerhin ein viel zu human und gerecht urteilender Monarch, als daß er blind gegen die Vorzüge und Tugenden der Loge gewesen wäre.

Als z. B. im Jahre 1766 der dänische Rittmeister Sudhausen, damals in Wien als Emissär der Großen Landesloge in Berlin tätig, ein Schreiben derselben überreichte, in dem der Kaiser gebeten wurde, dem Bunde in seinen Staaten Schutz zu gewähren, antwortete er zwar ablehnend, aber er versicherte gleichzeitig, daß er das Bestreben der Gesellschaft, christliche Tugend zu befördern und der Menschheit zu nützen, dankbar anerkenne. Auch habe der Orden, wenn er nichts Böses, sondern nur Gutes tue, von ihm nichts zu befürchten. Eine ähnliche Antwort erteilte er auf die von den Mitgliedern der strikten Observanz in Prag durch die Grafen Kinegl und v. Thun und den Baron v. Helly erfolgte Eingabe, er möge sich selbst an die Spitze des Bundes stellen und ihm als Protektor beitreten. Er meinte, das ihm bewiesene Vertrauen ehre ihn wohl, aber die bestehenden Gesetze und Verordnungen gegen die Freimaurerversammlungen könne er nicht abschaffen. Was seine Person betreffe, so könnten die Maurer sich der sichersten Ruhe erfreuen, denn sie würden nach ihren jeweiligen Handlungen beurteilt und behandelt werden. In diesem Sinne schrieb er auch dem Herzog Ferdinand von Braunschweig, der sich zum Dolmetsch der Empfindungen der österreichischen Freimaurer gemacht hatte: „Trügen Mir Ew. Liebden, wenn Sie dereinst wieder eine Armee anführten, ebenso freundschaftlich einen Volontärplatz dabei ein als eine Freimaurerstelle, so würde mit viel Freude Meine Selbsterscheinung die sicherste Antwort. Wie könnte Ich Mich wohl in einer mit Vorliebe von Mir allzeit angesehenen Kunst besser üben und bilden als unter einem Genie wie Ew. Liebden, der sich eine Armee selbsten sozusagen zu erschaffen und selber sodann so glücklich als vorsichtig anzuführen gewußt hat. Ew. Liebden werden Mir aber nicht verdenken, wenn Ich Mich der gegenwärtig von Ihnen vorgeschlagenen Einladung entziehe, da selbe den im Lande, wovon Ich Mitbürger bin, annoch bestehenden Verordnungen entgegen ist und der von Mir unverlangte Schritt Ihrer Majestät sowohl als meiner Landesfrau und Mutter*) allemal nicht angenehm wäre."

Joseph II. war zwar am 27. März 1764 zum römischen König erwählt und ein Jahr darauf Deutscher Kaiser und Mitregent seiner Mutter gewor-

---

*) Kaiserin Maria Theresia.

den, aber im großen ganzen war er nur ein Handlanger der energischen und willensstarken Kaiserin Maria Theresia, die die Freimaurer gründlich haßte und verabscheute und die sogar in einem Erlaß vom Jahre 1764 die Freimaurerei in allen österreichischen Staaten verboten hatte.

Alle Welt glaubte nun, daß der auf allen sonstigen Gebieten, besonders in Gewissensfragen, so duldsame Kaiser nach dem Tode seiner Mutter als er 1780 als alleiniger Herrscher die Zügel der Regierung ergriffen hatte, die Verordnung Maria Theresias aufheben und gleich seinem von ihm so bewunderten Rivalen Friedrich dem Großen von Preußen den Brüdern seine Sympathie zuwenden und ihnen ein „Protektorium" erteilen würde. Aber die hochgespannten Hoffnungen der freisinnigen und freiheitlich gesinnten Männer sollten nicht in Erfüllung gehen. Allerdings beseelte ihn kein Haß gegen die königliche Kunst und er ließ nicht den Jesuiten freies Spiel, um Gesetze zu erlassen, die den Freimaurern den Garaus gemacht hätten, aber von einem besonderen Entgegenkommen gegen den Orden war er weit entfernt. Er ging allerdings nicht so weit, wie z. B. Bayern, welcher Staat in zwei Reskripten vom 2. und 16. März 1785 die Illumination und Freimaurer auf das Schonungsloseste befehdete, aber er erließ doch am 16. Dezember des genannten Jahres ein eigenhändiges Reskript, das zwar den Grundsatz der Duldung auch dem Orden gegenüber aussprach, ihn aber unter scharfe polizeiliche Kontrolle stellte und ihn so vielen Schikanen aussetzte, daß die Wohltat des

Kaisers der Loge gegenüber einen etwas problematischen Beigeschmack erhielt. Immerhin war es ein kaiserliches Gnadengeschenk, das dem Bunde erteilt wurde, und wenn je von einem Gesetz das Wort von Zuckerbrot und Peitsche gebraucht werden konnte, so war es dieses Reskript.

Da die genannte Verfügung des Monarchen ungeheure Aufregung nicht nur in Österreich, sondern im ganzen heiligen römischen Reich deutscher Nation und eine große Literatur für und gegen hervorrief, dürfte es nicht unangebracht sein, einmal auf dieses Josephinische Dekret näher einzugehen und die Stimmen derjenigen zu registrieren, die sich im Streite jener Zeit hören ließen, zumal dasselbe noch jetzt von hohem geschichtlichen und psychologischen Reiz sein dürfte.

Ich lasse hier dieses Handbillett des Kaisers wörtlich folgen:

„Da nichts ohne gewisse Ordnung in einem wohlgeordneten Staate bestehen soll, so finde ich nötig, folgende meine Willensmeinung zur genauen Befolgung anzugeben. Die sogenannten Freimaurer-Gesellschaften, deren Geheimnisse mir ebenso unbewußt sind, als ich deren Gaukeleien zu erfahren wenig vorwitzig jemals war, vermehren und erstrecken sich jetzt auch schon auf allen kleinsten Städten. Diese Versammlungen, wenn sie sich selbst ganz überlassen und unter keiner Leitung sind, können in Ausschweifungen, die für Religion, Ordnung und Sitten allerdings verderblich sein können, besonders aber bei Obern durch eine fanatische engere Verknüpfung in nicht ganz vollkommene Billigkeit gegen ihre Untergebenen, die nicht in der nämlichen gesellschaftlichen Verbindung mit ihnen stehen, ganz wohl ausarten, oder doch wenigstens zu einer Geldschneiderei dienen. Vormals und in anderen Ländern verbot und bestrafte man die Freimaurer und zerstörte ihre in den Logen abgehaltenen Versammlungen, bloß weil man von ihren Geheimnissen nicht unterrichtet war; mir, obschon sie mir ebenso unbekannt sind, ist genug zu wissen, daß von diesen Freimaurer-Versammlungen dennoch wirklich einiges Gutes für den Nächsten, für die Armut und Erziehung schon ist geleistet worden, um mehr für sie, als je in einem Lande noch geschehen ist, hiermit zu verordnen, nämlich: daß selbe, auch unwissend ihrer Gesetze und Verhandlungen, dennoch solange sie Gutes wirken, unter den Schutz und die Obhut des Staates zu nehmen, und also ihre Versammlungen förmlich zu gestalten sind. Jedoch ist folgende meine Vorschrift von denselben zu beobachten und zwar:

1. Kann hinführo in einem jeden Lande in der Hauptstadt, wo die Landesregierung ist, nur eine Loge bestehen und abgehalten werden, dieses aber, so oft sie es für gut finden. Diese Loge hat die Tage, an welchen sie ihre Versammlungen abhält, dem Magistrate, oder jenem, dem die Polizei in der Stadt obliegt, allemal mit Bemerkung der Stunde zu melden; sollte in einer großen Hauptstadt eine Loge nicht alle Verbrüderten in sich fassen können, so wäre höchstens noch eine zweite oder dritte zu gestatten, welche von dem Chef der Hauptloge ganz abzuhängen und ihre Versamm-

lungstage und Stunden ebenfalls auch anzuzeigen hätte.

2. Soll in keiner Kreisstadt, wo nicht eine Landesstelle ist, noch weniger aber auf dem Lande, oder bei einem Partikulier auf seinem Schlosse, gestattet sein, dergleichen Freimaurer-Gesellschaften hinführo abzuhalten und wird auf die Abhaltung derselben der nämliche Preis zu derer Entdeckung und Bestrafung gesetzt, der auf die Hazardspiele patentmäßig besteht, weil jede Versammlung von unterschiedlichen Ständen der Menschen sich selbst nicht kann überlassen bleiben, sondern unter bekannter Leitung und Aufsicht geprüfter Männer stehen muß; und würden die dawider Handelnden auch des Ungehorsams wegen persönlich bestraft werden.

3. Die Vorsteher, oder wie sie nun immer den Namen unter sich haben, einer jeden in der Provinzstadt hinführo bestehenden Loge haben dem Landeschef auf Ehre und Reputation in einer Liste und Namen aller sich verbrüderten Maurer, wes Standes und Charakters sie immer sind, einzureichen, welcher selbe hierher einzuschicken haben wird und soll alle Vierteljahr der Abgang und Zuwachs an Neuaufgenommenen von den Logenvorstehern nachgetragen werden, jedoch, ohne ihre Vorrückungen oder Charakter und Titeln in der Gesellschaft selbst anzumerken; wenn aber der Logenmeister abgeändert wird, so muß der Neuernannte es ebenfalls der Landesstelle melden; dahingegen:

4. Wenn diese Logen so eingeleitet werden, sollen sie von aller weiteren Untersuchung, Ausfragen oder was immer für vorwitzigen Auskunftsbegehrungen auf beständig befreit sein, und frei und ungezwungen ihre Versammlungen abhalten können, und auf diese Art kann sich vielleicht diese Verbrüderung, welche aus so vielen mir bekannten rechtschaffenen Männern besteht, wahrhaft nutzbar für den Nächsten und die Gelehrsamkeit auszeichnen; zugleich werden aber auch alle Neben- und Winkellogen und Versammlungen, welche schon zu mehreren mir bewußten Unständigkeiten Anlaß gegeben haben, gänzlich und auf das Strengste beseitigt.

Ich zweifle nicht, daß diese meine Entschließung allen rechtschaffenen und ehrlichdenkenden Freimaurern zum Vergnügen und zur Sicherheit, allen übrigen aber zur billigen Enthaltung von weiteren dergleichen strafbaren Nebenversammlungen oder Ausschweifungen dienen wird."

Diese allerhöchste Entschließung trat am 1. Januar 1786 in Kraft, und die jeweiligen österreichischen Provinzialbehörden, die die Bekanntmachung erließen, versahen den kaiserlichen Willen noch mit allerlei Erklärungen bezw. Verschärfungen ihrerseits. So verfügte z. B. die k. k. Niederösterreichische Regierung, daß jeder in diesem Patent hervorgehobene Fall der Übertretung gerade wie das Hazardspiel mit 300 Dukaten bestraft werden und der Denunziant sofort 100 Dukaten als seinen Judaslohn empfangen würde, „selbst dann, wenn er bei den verbotenen Versammlungen mitgewesen ist, auch noch der Strafe enthoben und sein Name jedesmal genauest verschwiegen bleiben solle".

Dieses Gesetz für oder wenn man will gegen die Freimaurer, blieb dann auch bis zu dem am 20. Februar 1790 erfolgten Tode Kaiser Joseph II. in Kraft.

Wie jede halbe Maßregel, die mit der einen Hand zurücknimmt, was die andere gegeben, so war auch das kaiserliche Reskript der Gegenstand der lebhaftesten und oft leidenschaftlichen Erörterungen. Während die einen in ihm ein überaus dankenswertes Zugeständnis an die Freimaurer und den freimaurerischen Geist sahen, erblickten die anderen in ihm nichts als einen mit allerlei humanen Redensarten und Versicherungen verbrämten despotischen Willkürakt, um die Bewegungsfreiheit des Bundes zu hemmen und ihm die Flügel soviel als möglich zu stutzen.

Diese sich widersprechenden Ansichten und Anschauungen kamen denn auch in zahlreichen Broschüren jener Zeit zutage. Diese spiegelten in höchst bezeichnender Weise die Erregung der gebildeten Bevölkerung Österreichs wieder. Da diese Gelegenheitsschriften sehr zerstreut und nur mit größter Mühe zu finden sind, wird gewiß eine kritische Beleuchtung derselben von Wert sein.

Lassen wir zuvörderst denjenigen das Wort, die in dem Reskript vom 16. Dezember 1785 eine befreiende Tat Kaiser Josephs II., einen Ausfluß seines soviel gerühmten Humanismus, sowie den Beginn einer neuen Ära der Freimaurerei in Österreich sahen.

Aloys Blumauer (der bekannte Verfasser der „Travestierten Äneide", zugleich österreichischer Zensor, geboren zu Steyr in Österreich, am 21. Dezember 1755 und gestorben 16. März 1798), der eine Sammlung von Freimaurer-Gedichten, sowie verschiedene Freimaurer-Reden herausgegeben hat, besang den Kaiser als Beschützer des Ordens in geradezu überschwenglicher Weise, ihm in wärmsten Worten den Dank der Loge zollend, daß er sich ihrer angenommen und so klar erkannt habe, welche Verdienste sich der Orden um das Wohl der Menschheit erworben:

Einen Orden, den als Staatsverräter
Und Verführer man schon oft bestraft,
Während er der unschuldtreue Retter
Und dem Staate gute Bürger schafft.

Blumauer fordert darin die Br. Freimaurer auf, ihrem Dank durch eine rauschende Huldigung für den kaiserlichen Wohltäter Ausdruck zu geben. Die beiden Schlußstrophen der Ode lauten:

Drum, Ihr Brüder, lasset uns im Stillen,
Nicht durch Worte, sondern auch durch Tat,
All die großen Hoffnungen erfüllen,
Die von uns der große Weise hat!

Laßt uns dankbar unseren Schützer preisen,
Und ihm zeigen, daß die Maurerei
Wert und Achtung eines jeden Weisen,
Wert des Schutzes eines Josephs sei!

Ein Anonymus, der gleichfalls den Pegasus bestiegen hatte, veröffentlichte ein schwungvolles Poem, unter dem Titel: „Maurer-Freude von einem Br. der Loge „Zur Wahrheit", worin der Kaiser wie von Blumauer verherrlicht wird. Es wird von ihm gesagt, daß er ein Herrscher sei, der mit eigenen Augen sehe, der, immer wachsam für das Menschenwohl, auch die Maurer beseeligt und begnadet habe. Soweit die heilige Bruderkette reiche, freue sich nun auf dem ganzen Erdball jeder Bundesgenosse.

Als Dritten im Bunde der Poeten nennen wir Georg Ferdinand Deurer, der sich auf den Kaiser „bei Gelegenheit des Freimaurer-Schutzes" eine lange Ode geleistet hat, die voll Überschwenglichkeit den Humanismus des Monarchen preist. Er feiert ihn als Friedens-Apostel, der sich mit keinem blutgefärbten Lorbeer die Stirn beschatten will, dessen Sinnen und Trachten nicht darauf gerichtet ist, Berge von Leichnamen aufzutürmen und durch Blut zum Tempel des Ruhmes zu waten, sondern dessen Ideal allein die Menschlichkeit ist.

Ebenfalls als Schutzschrift für Kaiser Joseph II. ist die Broschüre zu betrachten, die unter dem Titel erschien: „Was ist Gaukelei oder vielmehr was ist nicht Gaukelei?" Das Motto der Broschüre lautet: „Des Fürsten Huld sucht ihren Gegenstand." Doch verwahrt sich der anonyme Verfasser bei aller Anerkennung der Verdienste des Monarchen gegen den Ausdruck in dem Reskript „Gaukelei". Gewiß habe auch der Orden Gebrechen bezw. einige seiner Mitglieder mochten den einen oder den anderen Fehler besessen haben bezw. besitzen. Wer aber ohne Sünde sei, der werfe zuerst einen Stein auf sie. Habe der Orden schon so viele Todeskrankheiten Österreichs geheilt, so werde er auch in sich selbst Mittel finden, die kleinen Fehler einiger seiner Mitglieder zu kurieren.

Schonungslos und voll Hohn und Spott sind dagegen die Auslassungen derjenigen, die mit dem Reskript des Kaisers nicht einverstanden waren und dasselbe als einen feindseligen Akt gegen die Maurerei betracheteten. Besonders sarkastisch ist ein Pamphlet, betitelt: „Vier Briefe, abgefasset von dreyen hellstrahlenden Kirchenlichtern über den guten Einfall des Kaisers, den Freimaurern ein Gebiß anzulegen; zum Trost der Gerechten, und Beschämung der Beglaubigten, mit Gottes Beystand dieser heutigen Tages ganz verkehrten Welt vor Augen geleget durch Frommanum Freimundum."

Frommanus Freimundus sieht in dem Kaiserlichen Reskript lediglich einen Triumph des Jesuitismus, der über Gewissens- und Glaubensfreiheit bei dem Kaiser, der in seinen letzten Lebensjahren seine besten Vorsätze und Gesetze wieder rückgängig gemacht habe, gesiegt hätte. Niemand freue sich darüber mehr, als der Jesuiten-Orden, der endlich das Ziel seiner unterirdischen Arbeit erreicht habe. So läßt er z. B. den Pater Patrisius Präpotius an den Pater Aloysius Martius das Nachstehende schreiben:

„Was sagen Sie zu dem vortrefflichen Hand-Billet? Habe ich es nicht weit gebracht? Ganz gewiß haben meine Schriften dem Kaiser die Augen geöffnet und meine Kühnheit und Standhaftigkeit, mit der ich gegen Unglaube und Freigeisterei eiferte, haben ihn zu diesem Schritt bewogen. Ich bin aber nun einmal vollkommen überzeugt: habe ich gleich die Freimaurerei niemals direkt angegriffen und sie in meinen Schriften nicht einmal genannt, so bin ich doch die Ursache ihrer Zerstörung. Ich habe alle ihre Schriften widerlegt, denn alle schlechten und ketzerischen Schriften, die hier erschienen sind, sind von Freimaurern geschrieben worden. All die boshaften Sendschreiben an unseren geliebten und gelehrten Erz-Bischof und was dieses Schlages ist, haben lauter Freimaurer zu Verfassern. Ebenso ist jenes freigeisterische Glaubensbekenntnis, das ich noch unlängst ebenso wichtig als gründlich gelehrt widerlegt habe, von einem Erz-Freimaurer geschrieben worden, von dem ich nicht nur den Ruhm davongetragen habe, daß er mir nicht eine Silbe antworten konnte, sondern den ich auch noch auf seinem Totenbett bekehrt habe.

Sind wir nun erst mit diesen Leuten fertig, so wird die Geistlichkeit bald wieder sein, was sie ehemals war. Wie süß wird uns alsdann unsere saure Mühe belohnt werden, und welche Ehre werden wir davontragen, die wir so ritterlich gefochten haben! Unser Monarch hat durch sein Hand-Billett schon den ersten Beweis abgelegt, wie wenig er mehr auf die Ungläubigen und Freigeister hält. Ach, daß ihn doch Gott erleuchten, daß er sie doch bald gründlich ausrotten möge! Ach, daß er auch noch andere Dinge einsehen möge, zu denen er vielleicht durch falsche Ratgeber verleitet worden ist, daß er so manches widerrufen und abschaffen möge, was er vielleicht in zu hitzigem Eifer angeordnet und befohlen hat. Ach, daß er endlich aufhören möge, die Geistlichkeit zu verfolgen, sich vielmehr ihnen anvertrauen und ganz ihrer heiligen Führung überlassen möge."

Scharf wird der Kaiser auch in einer anderen Flugschrift mitgenommen, betitelt: „Joseph II. und die Freimaurer." Die Widersprüche, die in dem kaiserlichen Reskript in Hülle und Fülle vorkommen, werden kritisch zergliedert und dem Monarchen wird eine Inkonsequenz vorgeworfen. Nicht nur der große Homer, sondern auch der große Kaiser Joseph schlafe zuweilen, wie hätte er sonst schreiben können, daß er zwar den Orden nicht kenne und auch nicht kennen wolle, aber ihn doch zu schützen beabsichtige, als ob ein Fürst etwas schützen dürfe, wovon er keine Ahnung habe! In einem Atem spreche er von „rechtschaffenen Männern" und dann von „Gaukeleien und Geldschneidereien", die im Orden vorkommen. Er habe keine Neugierde, sie zu beunruhigen, aber dennoch verlange er, daß die Listen durch die Landesstelle gehen müssen, wo jeder Kanzlist seinen vielleicht mitgaukelnden Präsidenten finden könne. Dann heißt es wörtlich: „Ich tue mehr für die Freimaurer als andere Fürsten, auch mehr als König Friedrich, und bin gar nicht neugierig, zu wissen, was bei ihnen vorgeht. Aber ich mische mich sogar in ihre innere Verfassung und reguliere sie."

Der Kaiser hätte wohlgetan, den ganzen Freimaurer-Orden aufzuheben, aber nie hätte er ihn mit Schimpfwörtern belegen sollen.

Es sei entehrend, wenn die Österreicher, voll niederträchtiger Speichelleckerei, solche Schmähungen, wie sie der Kaiser beliebe, sic hruhig gefallen lassen und nicht wider den Stachel löcken. Der Anonymus vergleicht Joseph mit gewissen Schauspielern, denen das Publikum auch bei schlecht gespielten Szenen Beifall klatsche und die dadurch so irre geleitet werden, daß sie alles Gefühl für das Wahre verlieren und nunmehr nichts als schlechte Arbeit liefern, weil sie es ebenso voll bezahlt kriegen, als hätten sie sich alle Mühe gegeben, nur treffliche Stücke zu geben.

In würdiger und erhebender Weise verteidigt der Verfasser einer anderen Broschüre, betitelt: „An alle auswärtigen Brüder Freimaurer" die Grundsätze des Freimaurertums gegen die mehr oder weniger versteckten Angriffe und Schmähungen des Kaiserlichen Mentors.

Er weist ferner schlagend nach, zu welchen trübseligen und gewalttätigen Konsequenzen die Strafandrohungen des Kaiserlichen Reskripts die Denunziation führen müßte, ganz abgesehen davon, daß derartige Gesetze dennoch ihren Zweck verfehlten. Es heißt darin u. a. wörtlich:

„Was für eine Forderung wird hindern können, daß sich 8, 10, 12 edle, verschwiegene, rechtschaffene Männer an einem stillen Ort versammeln, um da ihre Arbeiten zu beginnen? Der Staat hat von diesen nie etwas zu befürchten, keine Täuschungen, keine Verrätereien, keine Verführungen, keine Ausstreuungen böser, ansteckender Grundsätze, keine Unterminierungen gegen das Gute, keine Ausspionierungen wichtiger Heimlichkeiten, keine Untereinanderhetzungen, keine Beutelschneidereien, denn es ist eine Gesellschaft edler, rechtschaffaner Männer. Auch dürfen solche Männer nicht fürchten, so leicht in die Augen einer lauernden Polizei zu fallen, denn ein einziges, mittelmäßig geräumiges Wohnzimmer eines Bruders hat für sie und ihre Arbeiten hinlänglichen Platz. Ihre Zusammenkünfte können so leicht nicht verdächtigt werden, denn wie sollten wackere Männer darum Verdacht erwecken, weil sie da und dort zusammen kommen? Auch ist es wider die Verfassung eines wohlpolizierten, wohlgeordneten Staates, in die Wohnung eines ruhigen Privatmannes überraschende, gewalttätige Einbrüche zu machen. Wie wäre eine wackere Familie, wenn sie sich im Kreise ihrer Verwandten und Freunde mäßig und bürgerlich freuen will, vor solchen Gewalttätigkeiten sicher und was macht eine solche Gesellschaft von Brüdern anders, als eine stille, friedliche, unschuldige, sich selbst freunde Familie aus? Was wäre ein solcher Staat anders als ein feindlicher Zerstörer der allgemeinen innerlichen Ruhe, da er sich zu seiner vorzüglichen Pflicht rechnen muß, sie nach Möglichkeit aufrecht zu erhalten und was wäre die Polizei eines solchen Staates anders, als eine furchtbare tückisch und menschenfeindlich in der Stunde der Mitternacht im Schatten des Verderbens und der Verwüstung umherschleichende Inquisition?"

Wie man weiß, ist die Loge in Österreich noch immer verboten, obschon es auch dort tausende und abertausende von freimaurerisch denkenden Brüdern gibt.

Friedrich Rückert als Freimaurer.

Der am 16. Mai 1781 in Schweinfurth geborene und am 31. Januar 1866 in Neuseß bei Coburg gestorbene hervorragende deutsche Dichter, Übersetzungskünstler und Denker F r i e d r i c h R ü c k e r t gehört zu den interessantesten Erscheinungen unserer National-Literatur. Auf den mannigfachsten Gebieten der Poesie schöpferisch tätig, ein überaus vielseitiger und beweglicher Geist, zeichnete er sich durch seine tiefe Empfindung, sein inniges Gefühlsleben und seinen erstaunlichen Gedankenreichtum aus. Ein gewaltiger Sprach-Baumeister ersten Ranges, hat er in dem reinen Lied, in der poetischen Erzählung, in den Formen des Sonetts, der Terzine usw. einem großen Stimmungs- und Formenreichtum zutage gefördert. Indem er die unmittelbarste, tief aus dem Herzen quellende Lyrik mit der lehrhaften Beschaulichkeit und der Lebensweisheit harmonisch zu vereinigen wußte, erschloß er dem deutschen Volke ganz neue Quellen der Schönheit und der Erkenntnis. Selbst dem scheinbar Unbedeutendsten verstand er durch seine höchste sprachliche Virtuosität einen poetischen Zauber zu verleihen. Sein Künstlerauge wußte das Großartige, Tiefsinnige zu ergründen und mit beredtem Prophetenmunde zu verkünden. Besonders wenn seine Dichtung im prachtvollen orientalischen Gewande einherschreitet, übt sie einen berückenden

Zauber auf die Gemüter all derjenigen aus, die noch Sinn für Gedankenfülle und Anmut der Form haben.

Dieser letzte deutsche Klassiker hat sich nicht allein durch seine zahlreichen Werke einen unvergänglichen Namen in der deutschen National- und Weltliteratur errungen, sondern er ist auch, wie dies bisher nur wenig bekannt geworden ist, ein Logenbruder gewesen, der mit voller Überzeugung dem Freimaurer-Orden beigetreten war.

Friedrich Rückert hatte auf der lateinischen Schule seiner Vaterstadt Schweinfurth die akademische Vorbildung erhalten und dann 1805 die Universität Würzburg bezogen, um dort die Rechte zu studieren. Er verweilte dort bis 1809, widmete sich jedoch bald ausschließlich philologischen und ästhetischen Studien, von denen er erstere in solcher Ausdehnung trieb, daß er später von sich sagen durfte, „mir lebt jede Sprache, die Menschen schreiben".

Nach Abgang von der Universität im Frühling des genannten Jahres hielt sich der junge Gelehrte und Dichter einige Zeit bei seinem Vater, einem Rentbeamten in Ebern, einem allerliebsten, freundlichen Landstädtchen zwischen Ober- und Unterfranken auf. Von dort reiste er Ende April 1810 ab, um in Göttingen sich über die dortigen akademischen Verhältnisse zu orientieren, da er die Dozentenlaufbahn ergreifen wollte. Auf der Reise dorthin besuchte er seine Verwandten in Hildburghausen und ließ sich bei Gelegenheit dieses Besuches, am 3. Mai 1810, Abends 6 Uhr, also vor einem Jahrhundert, als Mitglied der H i l d b u r ghauser Freimaurerloge „Carl zum Rautenkranz" aufnehmen, deren Mitglied er bis zu seiner Übersiedelung nach Stuttgart, im Jahre 1815, geblieben ist.

Die Mitteilungen meines leider inzwischen verstorbenen Freundes, des bekannten Rückert-Biographen Hofrats Prof. Dr. C. Beyer und anderen Quellen entnehme ich die nachstehenden Mitteilungen über diese Aufnahme Rückerts in die Loge.

An jenem Abend wohnte u. a. der berühmte und berüchtigte Geh. Staatsrat Hannibal Fischer, der sogenannte „Flotten-Fischer", dem Aufnahmeakt bei. Dieser war voll des Ruhmes der Feierlichkeit, der Inauguration, der ergreifenden Dankesworte des Dichters und der hohen Erwartungen, die man an die Aufnahme des damals noch wenig bekannten, aber von seinen Freunden und Verwandten bereits sehr hoch geschätzten 22jährigen jungen Dichters für die Maurerei knüpfte. Und in der Tat zeigten die späteren Leistungen des Poeten, daß man sich in dieser Annahme nicht geirrt hatte. Wie Beyer mit Recht hervorhebt, habe man schon aus Rückerts vor einem Jahrhundert entstandenen ersten Liedern den Einfluß des maurerischen Geistes herausgefühlt, ja manches Poem von ihm aus jener Zeit habe man geradezu als eine Kundgebung der maurerischen Ideen, als die Betätigung der königlichen Kunst in Hinsicht auf inhaltreiche Weisheit, formelle Schönheit und Humanitätsgedanken betrachten können. Ein solches Gedicht ist z. B. „Des Stromes Liebe" von Rückert, wo der Freiheitsdrang, die unendliche Kraft und die umfassende Liebe gewissermaßen ein Bild des weltbewegenden Maurertums abgeben könnten. Hierzu gehören auch seine Rosenlieder, in denen maurerische Symbolik nicht zu verkennen ist.

Friedrich Rückert hat, wie Beyer berichtet, den Logenbrüdern in Hildburghausen schon durch seine äußere imponierende und höchst anziehende Erscheinung außerordentlich zugesagt. Jeder, der je dem Poeten näher getreten, war aufs äußerste gefesselt von der reckenhaften Gestalt und der erwärmenden Herzlichkeit desselben.

Der junge Rückert war damals, als er als Mitglied der Loge „Carl zum Rautenkranz" in Hildburghausen aufgenommen wurde, vom Kopf bis zum Fuße schwarz-altdeutsch gekleidet; sein mit einem Samtbarett geschmücktes Haupt war von langen Schulterlocken umhangen, und sein keckes Schnurrbärtchen mit den blitzenden Augen, gaben ihm ein martialisches Aussehen. Im Alter freilich blieb nur seine hohe majestätische Gestalt ungebeugt, während sein langes, schmales Dichterantlitz, mit den blassen, edlen Zügen, mit den tiefliegenden, dunklen, von starken Brauen beschatteten geistvollen Augen, mit der gedankendurchfurchten offenen Stirn, Spuren jahrelanger, mühevoller und rastloser geistiger schöpferischer Arbeit verriet.

Sein edler Charakterkopf drückte Weisheit, Duldung, Menschlichkeit und Brüderlichkeit aus; und diese Vorzüge zeichneten auch den Dichter und Freimaurer Friedrich Rückert aus.

Der reine und wahre Humanismus des Dichters, seine echte maurerische Gesinnung prägt sich in seinen zahlreichen Liedern aus. Die lautere Wahrhaftigkeit, die ideale Gesinnung und die Menschenliebe des Poeten kommen in seinen lyrischen Poesien zum klassischen Ausdruck.

Wie hätte er nicht Maurer werden sollen, da doch die großen und erlösenden Ideen der Menschenliebe ihn von jeher begeisterten und seine wissenschaftlichen Arbeiten gleichfalls vom maurerischen Geiste erfüllt waren!

Mögen hier einige Proben aus den Dichtungen Rückerts dartun, wie sehr er den Ideen des Maurertums ergreifenden poetischen Ausdruck zu verleihen wußte.

In einem Ghasel gibt er dem Maurergesellen Belehrung, wie er am Bau zu arbeiten habe:

Zum Anfang.

Mache Deinem Meister Ehre, o Geselle, baue recht!
Wie das Maß er hat genommen, nimm die Kelle,
    baue recht!
Nicht um Deine Mitgesellen sorge, wie sie mögen
    bau'n,
Dafür laß den Meister sorgen, Deine Stelle
    baue recht!
Frage nicht was heute mühsam Deine Hand ge-
    fügt, wie bald,
Wohl ein Sturm der Zeiten wieder es zerschelle,
    baue recht!
Laß nicht Deine Unmut fragen, welch' Bewohners
    Ungeschmack
Künftig die von Dir gebaute Wand entstelle, baue
    recht!

Die in den höchsten Grad getretenen Brüder mahnt er zur Bescheidenheit:
Du freuest Dich, mein Sohn, daß Du in diesem Orden,
In dem Du stehst, der e r s t e bist geworden.
Den Ehrgeiz lob' ich zwar, doch sein Bereich ist klein,
Denn hier der erste nicht noch letzte sollst Du sein,
Zu höherm Orden soll Dein Ehrgeiz dich befiedern,
Dess' letzter höher steht als Du, der erst' im niedern.

Rückert wirft die Frage auf, ob Glückseligkeit das letzte Ziel maurerischen Strebens sein müsse und kommt zum Schlusse:
Wir können aus der Welt und uns hinaus nicht treten;
Wann, Himmelsgast, trittst Du bei uns ein, längst erbeten?
Längst harr' ich deiner hier in Abgeschiedenheit;
Das Glück ist nicht bei mir, doch die Zufriedenheit.
Glückseligkeit zerpflück', und jedem gib ein Stück,
Die Seeligkeit gib mir, und dem, wer will, das Glück!

In seinen Dichtungen verbreitet sich der Verfasser in eingehendster Weise über maurerische Kardinaltugenden. Er lehrt Demut, fordert Selbstbefreiung, Selbstbeherrschung und zwar Befreiung von alten und neuen Vorurteilen, Nachsicht gegen Irrende und lehrt vor allem Weisheit. Alles dient ihm als Mittel zur Erreichung des im Maurertum gepflegten Schönen. Natürlich predigt er in erster Linie Duldung, Humanität und Liebe. Mit **Gotthold Ephraim Lessing**, der, wie wir wissen, gleichfalls Maurer war, ist er der Ansicht, daß Gott der Ursprung aller Weisheit sei. War er aber auch religiös, so wollte er doch keine bestimmte Konfession und vor allem keinen Zank und Hader hervorrufenden einseitigen kirchlichen Parteistandpunkt.

Für die Bibelauslegung nimmt er die maurerische Befugnis der Kritik in Anspruch. Der Vernunft will er auch hier ihr Recht gewahrt wissen:

Zu Richtern wirft sich auf der Schriftgelehrten Zunft,
Doch wir empfehlen dir Schiedsrichterin Vernunft.

Und wer unfähig mit Vernunft ist zu vernehmen,
Mag unvernünftiger Auslegung sich bequemen.

Von maurerischer Begeisterung und maurerischer Symbolik erfüllt sind auch die nach seiner Aufnahme in den Maurerbund gedichteten „Geharnischten Sonette", von denen hier nur das Nachstehende mitgeteilt werden soll, weil es an die maurerische Kette erinnert:

Wir schlingen unsre Händ' in einen Knoten,
Zum Himmel heben wir die Blick' und schwören;
Ihr alle, die ihr lebet, sollt es hören,
Und wenn ihr wollt, so hört auch ihr's, ihr Toten.

Wir schwören: Stehn zu wollen den Geboten
Des Lands, dess' Mark wir tragen in den Röhren,
Und diese Schwerter, die wir hier empören,
Nicht eh'r zu senken, als vom Feind zerschroten.

Wir schwören, daß kein Vater nach dem Sohne
Soll fragen und nach seinem Weib kein Gatte,
Kein Krieger fragen soll nach seinem Lohne,

Noch heimgeh'n, eh' der Krieg, der nimmersatte,
Ihn selbst entläßt mit einer blut'gen Krone,
Daß man ihn heile oder ihn bestatte.

 Als Maurer hatte Rückert ein warmes Herz für seine hilflosen Brüder. In diesem Sinne mahnte er die Maurer stets, sich des hungernden, darbenden und frierenden Bruders anzunehmen. Scharf polemisiert er gegen jene Selbstsüchtigen, die in der Zeit der Not beim Orden Hilfe verlangen, selbst aber, wenn es ihnen gut geht, den Brüdern nicht beistehen. Trotz alledem, d. h. trotz der schlimmsten Erfahrungen, müsse man auch den unwürdigen Brüdern Gutes tun. Die Liebe, dieses Grundgesetz im Leben und in der Natur, müsse eben überall schalten und walten, sonst sei die Welt öde und leer und das ganze Dasein habe keine Bedeutung.
 Mit der zunehmenden Bildung und Erziehung der Menschheit zur Idee des Maurertums und zur Humanität würden die beengenden Schranken der Gesellschaft fallen und die Kriege ihr Ende erreichen. Die einzelnen Nationen werden sich dann nicht mehr befehden, vielmehr werde ein großer

Völkerfriedensschluß die Weltfreiheit bringen und das Christentum im edlen Sinne des Wortes seine Mission als Friedensstifterin erfüllen.

Friedrich Rückert, der Nachdichter orientalischer, poetischer Schönheit und Lebensweisheit, war Kosmopolit, doch würde man irren, wollte man ihn für einen Gegner des deutsch-nationalen Gedankens hinstellen oder gar an seinem glühenden Patriotismus für Deutschlands Macht, Größe und Einheit zweifeln. Er hat in zahlreichen schwungvollen Liedern den vaterländischen Ideen, Gefühlen und Empfindungen seiner Seele hinreißend Ausdruck gegeben und bewiesen, daß man Patriot sein kann ohne die Vorzüge und die glänzenden Eigenschaften ausländischer Geisteskultur zu verkennen. Nur ist er zu sehr Freimaurer mit Leib und Seele, als daß er in politischer und religiöser Beziehung das trennende Element berücksichtigen würde. Nur das Einende, die Gegensätze Ausgleichende und das Harmonische hat für ihn einen Reiz, nur darin sieht er das Heil des Menschengeschlechts im Allgemeinen und des deutschen Volkes im Besonderen. Wiederholt spricht er in seinen Gedichten es aus, daß man sich endlich aus dem Gebiet des Zankes und Kampfes, das „in Kirche und Staat heillos die Menschheit spalte", aufs Friedliche zurückziehen müsse.

O wende dich an das, mein liebendes Gedicht,
Im Menschen was vereint, — an das, was trennet
    nicht!
An das nicht, was nur trennt, und ew'ge Trennung
    stiftet,

Der beiden Welten Heil mit heil'gem Gift vergiftet;
Was als das einzige Heil für hier des Staates Norm
Aufstellen und für dort will eines Glaubens Form;
Daß vor dem heiligen unheiligen Kriege Frieden
Und Glück zu finden sei nicht droben und hienieden.
Von dieses Fiebers Frost, von dieses Fiebers Glut
Erstarrt der Menschheit Herz, versiegt ihr Lebensblut.
In diesem Todesfrost, blas einen frommen Hauch,
Und einen klärenden, in diesem dumpfen Rauch!
Das reine Menschliche im Menschen wend' hervor,
Der ewigen Sonne zu dem Liebesfrühlingsflor!
Daß sich die Menschheit einst fühl' Eins, wie einst sie war,
Und wie sie noch sich fühlt in jedem jungen Paar.
Dies liebende Gefühl aufs Leben ausgedehnt
Und auf die Welt erstreckt, ist was der Geist ersehnt.
Hinweg, was zwängt und engt! Herbei, was Bande sprengt,
Und nur mit Liebesband Geist und Natur empfängt.

Möchten diese Zeilen dazu beitragen, gerade die Maurer aufs neue auf die maurerische Poesie Friedrich Rückerts hinzuweisen! Bei der Lektüre seiner herrlichen und unvergänglichen Poesien wird man bald inne werden, daß er ein würdiger Genosse eines Lessing, Wieland, Goethe und Herder war und daß er in klassischer Form es verstanden hat, all das Schöne, Große, Erhabene und Bleibende des Maurertums poetisch zu verklären. Möchten die Schriften Rückerts, in denen soviel Liebe lebt, unsere Herzen erwärmen, unseren Gesichtskreis erweitern und auf uns veredelnd und beglückend wirken!

Ferdinand Freiligrath
als Freimaurer

In unserer Zeit der Jubiläen und Säkulartage wird zuweilen ein oft alles Maß des Erlaubten und Schicklichen übersteigender Personen-Kultus getrieben. Je weniger die Mitwelt die Bedeutung, die Leistungen, das Wirken und Schaffen hervorragender Geister gewöhnlich anerkennt, desto mehr ist die Nachwelt bemüht, das Versäumnis nachzuholen, bezw. den Opfern der Vorurteile oder irriger Anschauungen oder des Parteihasses Gerechtigkeit wiederfahren zu lassen. Leider ist jedoch die Huldigung der Zeitgenossen nicht immer eine von allen Nebengründen und Rücksichten unbeeinflußte. Oft machen sich Eitelkeit, Strebertum und sonstige nicht gerade empfehlenswerte Eigenschaften bei den die Feier veranstaltenden Auguren bemerkbar.

Wenn jedoch ein gottbegnadeter, berufener und auserwählter deutscher Dichter es verdient hat, daß anläßlich seiner Jahrhundertfeier mit Begeisterung und seiner glänzenden Geistes- und Charaktereigenschaften mit größtem Lob gedacht werde, so war es der vor einem Jahrhundert (am 17. Juni 1810) in Detmold geborene, berühmte deutsche Freiheits- und Vaterlandssänger F e r d i n a n d F r e i l i g r a t h, von dem man mit Recht behauptet hat, daß er der echteste Volksdichter Deutschlands und als solcher der bedeutendste und eigenartigste unter unseren neueren Dichtern ist. Was Béranger dem neueren Frankreich, ist Freiligrath, wie verschieden auch sonst der Charakter der Poesien beider sein möge, für Deutschland. Gleich der Chansons Bérangers, sind auch Freiligraths Lieder nur in Verbindung mit der lebendigen Gegenwart und dem öffentlichen Leben seiner Zeit zu würdigen. Sie drangen in unser Herz, weil sie aus dem Herzen des deutschen Volkes kamen.

Dieser herrliche Sänger, bei dem kühne Gedanken, fruchtbare Ideen, tiefe Gefühle und Empfindungen mit einem innigen und zarten Gemüt Hand in Hand gingen, dieser kühne Fahnenträger der politischen Glaubens- und Gewissensfreiheit, dieser großartige Interpret des nationalen Lebens, der für die patriotischen Empfindungen des deutschen Volkes Töne von hinreißender Kraft gefunden, war nicht allein ein Lyriker ersten Ranges, sondern zugleich auch ein geradezu antiker Charakter. Er besaß den Mut der eigenen Meinung und der eigenen Überzeugung, er hielt an den Freiheitsideen seiner Jugend bis zu seinem letzten Atemhauche fest, er wechselte seine Gesinnungen nicht wie Handschuhe, sondern unentwegt unerschütterlich und treu opferte er durch seine Muse dem Wahren, Edlen, Schönen und Großen vom ersten Augenblick seines öffentlichen Auftretens bis zu jenem Augenblick, wo er seine müden Augen für immer schloß.

Leider hat man jedoch in der deutschen Tagespresse, wo dem Toten soviel Weihrauch gestreut wurde, es nicht für nötig gefunden, darauf hinzuweisen, daß Ferdinand Freiligrath nicht nur seinen Grundsätzen entsprechend aus vollster Seele Freimaurer war, sondern, **daß er auch tatsächlich dem Orden angehörte.**

Dieses Versäumnis nachzuholen, erachte ich als eine Ehrenpflicht umsomehr, da auch die zahlreichen Biographen des edlen Dichters und Menschen an diesem Punkt mit Stillschweigen vorüber gegangen sind.

In maurerischen Kreisen war wohl die Tatsache der Aufnahme Ferdinand Freiligraths in den Bund bekannt, doch wußte man über die näheren Details nichts Genaueres. Um so dankbarer bin ich dem jetzigen Meister vom Stuhl „Zum wiedererbauten Tempel der Bruderliebe" in Worms, dem Herrn Obergerichtsrichter Joh. **Frank** in der genannten Stadt, daß er auf meine Bitte so liebenswürdig war, mir die über die Aufnahme Ferdinand Freiligraths in der genannten Loge vorhandenen Auszüge aus dem betreffenden Protokollbuch zur Verfügung zu stellen.

Aus diesen urkundlichen Mitteilungen geht nun hervor, daß Ferdinand Freiligrath am 14. Mai 1842, damals kaum 24jährig, in der genannten Loge aufgenommen wurde. Damals hatte bereits der „Suchende", dessen Gedichte viele Jahre vorher erschienen waren und das größte Aufsehen erregt hatten, einen weit über die Grenzen Deutschlands hinausgehenden Ruf sich erworben. Ein ganz eigenartiger, origineller und durch den Glanz seiner Dichtkunst blendender Poet war mit ihm aufgetreten. Seine Meer-, Tier -und Wüstenbilder hatten einen berückenden Zauber auf das Publikum ausgeübt. In seinen Liedern wehte ein erfrischender Hauch der Natur uns entgegen und die warme und hinreißende Begeisterung, womit der Verfasser alle seine Stoffe beseelte, hatte etwas ungemein Anheimelndes. Überdies legte Freiligrath seinen Finger in die Wunde der politisch-sozialen Übelstände und diese neuen Anregungen rüttelten die Zeitgenossen aus ihrem politischen und sozialem Schlaf auf. Die neue Zeit hatte ihren neuen Sänger gefunden. Dieses Freiligrath'sche Sehnen nach dem Ideal der Freiheit, Wahrheit und Schönheit, fand sein unendliches Echo in den Herzen und Gemütern der Völker, die aus der dumpfen Schwüle der Gegenwart sich in den reineren Äther einer besseren Zeit erheben wollten.

Wie Friedrich Rückert in den reinen, großen und edlen Grundsätzen der Freimaurerei ihre Ideale verwirklicht zu finden glaubte, so auch er. Und so hatte er denn auch das lebhafteste Bedürfnis, nicht nur poetisch, und theoretisch, sondern auch praktisch am Tempel zu bauen.

Im Jahre 1842 wohnte er in Darmstadt und von dort aus meldete er sich bei der Loge in Worms „Zum wiedererbauten Tempel der Bruderliebe", welcher Orden am 30. August 1808 ursprünglich in Darmstadt gegründet worden war, um als Bruder aufgenommen zu werden.

Über diese Vorgänge vor und nach der Aufnahme und über diese selbst lassen wir nunmehr wörtlich die schon genannten Auszüge aus dem Protokollbuch folgen, also lautend:

Obligatorische Arbeit am 26. März 1842.
Anwesend: Br.: N e i d h a r d, Mstr. v. St.,
Br.: Castelhun, I. Aufseher,
Br.: Cronenbold, II. Aufseher,
Br.: W. Valckenberg, Altmstr.,
Br.: Schlink, Redner,
Br.: Weller, Stewart,
Br.: Abresch, st. Cermmstr.,
Br.: Br.: von Cramer, Curtze II., Dietrich, Roßmann, Fenner, Heck, von Löhr, Schäfer, Lehmann, Obenheimer, Schmidt, Neuner als Sekretär.

Als 2. machte der Mstr. v. St. bekannt, daß der berühmte Dichter Ferdinand Freiligrath protestantischer christlicher Religion, geboren 17. Juni 1810 zu Detmold, dermalen in Darmstadt wohnend, sich durch B.: Wiegand zur Aufnahme in den Frmbund in unserer ☐ habe vorschlagen lassen. Der s. E. kündigt weiter an, daß über beide Gesuche in nächster ☐ abgestimmt werden solle.

Obligatorische Arbeit am 16. April 1842.
Anwesend: Br.: N e i d h a r d, Mstr. v. St.,
Br.: Roßmann, der als I. Aufs. vicar.,
Br.: Castelhun, der als II. Aufs. vicar.,
Br.: Schlink, Redner,
Br.: Erdelmayer, Cer.-Mstr.,
Br.: Jos. Valckenberg, dep. Sekretär,
Br.: Curtze I., Intendant,
Br.: Weller, Stewart,
Br.: Br.: von Cramer, Abresch, Curtze II., Dieterich, Küstner, Obenheimer, Schäfer, Schmalenberger,

Schmidt, Stieler, Wagner, Heck, Neuner als Sekretär.

n. A.: Es wurde hierauf über das Aufnahmegesuch des Herrn Ferdinand Freiligrath (s. vor. Protokoll) abgestimmt, das Resultat war ebenfalls ganz helleuchtend. Der s. E. machte hierauf, da die Vermögensumstände des Aspiranten sehr ungünstig seien, und doch die Akquisition einer solchen Celebrität für die ☐ eine glänzende sei und ganz in ihren Interessen liege, den Vorschlag, denselben, um ihm einen geringen Beweis von Anerkennung seines hohen geistigen Werts zu geben, von allen pekuniären Verbindlichkeiten der Aufnahme zu entbinden, was einstimmig von allen Brüdern genehmigt wurde. Ders. E. setzte seine Aufnahme auf die nächste oblig. Arbeit fest, wenn kein Hindernis eintrete.

Obligat. Arbeit am 1. Mai 1842, in welcher bekannt gemacht wurde, daß die auf diesen Tag anberaumt gewesene Aufnahme des Herrn Freiligrath wegen einer notwendigen Reise desselben auf den 14. Mai festgesetzt worden sei, und daß deshalb Einladungsschreiben an die benachbarten Schwesterlogen zu Alzei und Frankenthal ergangen seien.

Obligat. Arbeit am 14. Mai 1842 in den hell erleuchteten Hallen des Tempels. Die Arbeiten leitete im Osten der s., o. M. v. St. Br.: Neidhard, unterstützt im Westen durch die ehrw. BBr.: Vorsteher Horster und Cronebold. Den Orient zierte unser s. e. Altmeister Br.: Wilh. Valckenberg.

Anwesend waren die ehrw.: und s. 11.: Bbr.: Schlink Redner, Jos. Valckenberg dep. Sekretär, Castelhun Schatzmeister, Erdelmayer Ger.-Meister, Curtze I. Intendant, Weller Stewart.

Abresch, von Cramer, Curtze II., Dieterich, Dörr, Fenner, Küstner, Roßmann, Künzel, Schäfer, Schmalenberger, Schmidt, Wagner, Wiegand, Obenheimer, Neuner als Sekretär.

Die Arbeiten wurden verherrlicht durch die Anwesenheit folgender besuchender Brüder:

1) von hier: Gräff, von Muralt;

2) von der ☐ zur Freimütigkeit am Rhein in Frankenthal: Zöller I. Vorsteher, Kissel, Vierling, Gerhard, Weygandt, Faul;

3) von der ☐ Karl zum neuen Licht im Or.: Brück M. v. St., Merkel, dep. Mstr., Mischell, Ennemoser, Hostermann, Theyschn, Kattereiner, Conradi.

Die benannten Hammerführenden Meister zierten den Orient auf den ihnen bestimmten Ehrenplätzen.

Nach ritualmäßiger Eröffnung der Arbeiten wurde das Protokoll der letzten obligatorischen Arbeit vom 1. Mai vorgelesen und von den Brüdern genehmigt. Es wurde später am Schluß der Arbeit vom. s. e. M. v. St. unterzeichnet.

Der s. E. erklärte, der Hauptzweck unserer heutigen Versammlung sei, den Suchenden, den deutschen Dichter Herrn Ferdinand F r e i l i g r a t h die Weihe des FM.-Bundes zu erteilen; schon befinde sich derselbe in der Vorbereitungskammer und bei ihm der ehrw. Br. Redner und Zeremonienmeister; das Gesetz lege uns jedoch die Verbindlichkeit auf, zu vernehmen, ob einer der Brüder allenfalls noch Einsprache gegen die Fortsetzung des begonnenen Aufnahme-Aktes zu machen habe. Es blieb still in beiden Kolonnen, und diese wurde in üblicher Weise genehmigt. Die beiden ehrw. Bbr. Präparateurs traten ein und machten den günstigsten Bericht über den Suchenden, daß ihn namentlich die edelsten Motive antrieben, die Aufnahme in den Bund zu wünschen. Der von ihm ausgestellte Revers und seine Beantwortung der drei Prüfungsfragen wurden allgemein als sehr befriedigend anerkannt. Die beiden ehrw. Beamten erhielten hierauf vom s. E. den Auftrag, begleitet von den Meistern, die vorbereitenden Akte der Aufnahme fortzusetzen und den Suchenden in gesetzlichem Zustande vor die Pforte des Tempels zu geleiten.

Mittlerweile kündigte der s. E. an, daß von der ☐ zu Frankenthal nähere Renseignements über den Aspiranten Herrn Georg Forster, eingetroffen seien, aber noch nicht die dem Bruder Hofmann übertragenen, weshalb die Abstimmung noch bis zur nächsten Arbeit verschoben wurde.

Der Tempel wurde nun zur Vornahme der Aufnahme des Suchenden hergerichtet. Drei profane Schläge an der Pforte verkündeten die Ankunft desselben, sie wurde ihm geöffnet und seine Einweisung sofort ritualmäßig vollzogen.

Nach geschehener Aufnahme richtete der s. E. noch einige liebevolle brüderliche Worte an den neu aufgenommenen Bruder, worin er ihm aus der Bedeutung der drei Hauptsymbole, Bibel, Winkelmaß und Zirkel das Wesen und den Zweck der Freimaurerei erklärte und die daraus sich ergebenden Pflichten des Maurers näher auseinandersetzte; worauf seiner Einladung folgend, sämtliche Brüder den Neuaufgenommenen durch einen herzlichen Applaus bewillkommten.

 Die Erteilung der Lehrlings-Instruktion wurde für eine andere Zeit verschoben.

 Der ehrw. Br. Redner sprach hierauf, in, zu dem neuaufgenommenen Bruder gerichteten, herzlichen Worten die lebhafteste Anerkennung dessen vorzüglichen Wertes als Mensch und Dichter in seinem eigenen schönen Dichterschwunge aus.

„Doppelt" — sagte er u. a. — „doppelt lieb und
  dreifach herzlich sei gegrüßt,

der Du so rein für Deine Himmelsgaben glühst,
der alle Gaben Du mit heil'gem Ernst gepflegt,
die Dir ein Gott so liebend in die Brust gelegt!
O laß sie rein und fromm von keuschen Lippen
  fließen,
Begeisterung und Trost in jedes Herz zu gießen,
laß Deiner Dichtung Sang in Wort und Lied
  erklingen,
laß Millionen sie durchzittern und durchdringen;
und werf den Samen aus des Lichtes und des
  Schönen;
und Du wirst dies und Dich und Deine Zeit ver-
  schönen!" —

 Nachdem er sich in seinem weiteren Vortrag noch über Wesen und Tendenz der Frm. ausgesprochen hatte, schloß er mit den Worten:

„Ihr Talent und Ihre hohe Dichterweihe und noch mehr Ihr Sichtreugebliebensein unter allen Verhältnissen, stellt Sie vor vielen voran und hoch sehe ich darum in Ihrer kräftigen Hand den lichten Banner flattern, wozu Sie — längst in Sinn und Geist wie Maurer schon — so schön den Spruch gesungen! Meine Huldigung sowie meine Sympathie dafür spreche sich am wahrsten darin aus, daß ich mit Ihren eigenen Worten meinen Gruß der Liebe gegen Sie — schließe!" Mit dem Ausdrucke derselben Begeisterung trug er nun das Gedicht: „Bannerspruch" aus des neuaufgenommenen Br. Freiligraths Gedichten dritte Auflage Seite 323 vor und schlang auf diese sinnige Weise als Organ der ☐ das schöne geistige Band der Sympathie zwischen ihr und ihm sogleich beim ersten Willkommen nur noch um so inniger. —

Der s. e. M. v. St. sprach hierauf speziell unsere herzliche Freude darüber aus, daß diese schöne Aufnahme-Feier durch die Gegenwart so vieler auf unsere Einladung von nah und ferne herbeigeeilter besuchender Brüder verherrlicht sei und hieß sie alle herzlich willkommen. —

Im Geiste und Sinne der Brüder stellte der ehrw. Br. Redner den zeitgemäßen, echt maurerischen Antrag, „daß der heutige Ertrag des Armenstockes an die durch Feuersbrunst verunglückten Bewohner Hamburgs gesandt werde", was allgemeinen freudigen Anklang und allgemeine Genehmigung fand. Begleitet von einem ergreifenden Gesang der musikalischen Brüder, machte der Armenstock die Runde und brachte eine Gesamtgabe von Dreißig Gulden 44 Kr.

Hierauf Schluß der Arbeit. —

Hier nur noch ein Wort über die freimaurerischen Gedichte Ferdinand Freiligraths, in denen sein maurerisches Denken und Fühlen mehr oder weniger beredt, eindringlich und anschaulich zu Tage tritt. Zunächst die in dem Protokollbuch erwähnte bedeutsame Dichtung „Der Bannerspruch". Dieses Poem erschien ursprünglich als einleitendes Gedicht der von dem Dichter und Geschichtsschreiber E d u a r d D u l l e r (später Prediger der deutschkatholischen Gemeinde zu Mainz und u. a. Verfasser der Geschichte der Jesuiten) herausgegebenen Zeitschrift „Phönix" (III. Jahrgang) und war an den Herausgeber gerichtet. Es lautet also:

> Das Horn erscholl, der Renner scharrte!
> So laß uns denn zu Felde zieh'n!
> Aufs neue schwing' ich die Standarte
> Die Deine Farben läßt erglüh'n!
> Und nenne keiner mich verwegen,
> Wer so vor Deiner Schar mich schaut:
> Es ist ja stets dem jüngsten Degen
> Des Banners Obhut anvertraut!

> Ich lasse meinen Ruf erklingen,
> Gewappnet, Duller, wie ich bin
> Ein Reich ja gilt es zu erringen
> Der Menschheit, unsrer Königin!
> Ein Reich, um welches sie noch heute
> Von Tränen und von Blute trieft

Doch dessen Throne nach dem Streite
Ein inn'res Ahnen ihr verbrieft!

Ein Reich, von dem ich oft gestammelt
Und es gesehen auch im Traum:
Die Völker hatten sich versammelt
Um einen einz'gen Lebensbaum.
Da war kein Schelten und kein Toben
Und keiner eitlen Rede Brunst;
Ich sah ein Band, das war gewoben
Aus Glaube, Freiheit, Wissen, Kunst.

Sie brachten alle was sie hatten
Voll Eintracht einen Weihaltar;
Wie Brüder sah ich auf den Matten
Gelagert diese große Schar.
Und wie die Taube über Lämmern
Sich wiegt in Lüften, also schier
Sah milde durch die Zeiten dämmern
Die Lieb' ich schweben über ihr.

Das ist ein Reich, nach dem wir streben:
Und ist auch unser Häuflein schwach:
Wir haben Kämpfer vor und neben
Und immer neue wachsen nach!
Die ganze Menschheit eine Herde —
O, nur gerungen und geglaubt!
Es frommt ihr jede Handbreit Erde
Die der Gemeinheit wir geraubt!

Im Kampfe nur erblüh'n uns Kränze!
Drum laßt uns sein wie der Kroat,
Der auf Illyriens Kriegergrenze
Dem Boden anvertraut die Saat;

Der, als ein Kriegesmann gerüstet
Den Weizen in die Furche streut,
Und, wenn sein Schwert den Türken lüstet,
Schlagfertig dasteht alle Zeit!

Der, wenn er kehrt von seinen Zügen
Beherzt und freudig, wie er schied,
Der Scholle dunklem Schoß entstiegen
Des jüngsten Lenzes Aussaat sieht;
Der friedlich jetzt, sein Korn zu mähen,
Die Sense statt des Säbels schwingt
Und zwischen Ernten, Kämpfen, Säen,
Sein Leben ruhelos verbringt!

Ich fühl's an meines Herzens Pochen:
Auch uns wird reifen uns're Saat!
Es ist kein Traum, was ich gesprochen,
Und jener Völkermorgen naht!
Ich seh' ihn leuchten durch die Jahre;
Ich glaube fest an seine Pracht
Entbrennen wird der wunderbare,
Und nimmer kehren wird die Nacht!

Wir aber reiten ihm entgegen;
Wohl ist er wert noch manchen Strauß.
Wirf aus die Körner, zieh' den Degen.
Ich breite froh das Banner aus!
Mit festen Händen will ich's halten;
Es muß und wird im Kampf besteh'n;
Die **Hoffnung** rauscht in seinen Falten
Und Hoffnung läßt nicht untergeh'n.

Es würde mich zu weit führen, wollte ich auch nur auszugsweise sämtliche Gedichte Freiligraths wiedergeben, worin sich maurerische Ideen, Anschauungen und Empfindungen kundgeben. Mag hier nur aufs Geratewohl einiges Wenige besonders Bezeichnende abgedruckt werden, woraus der geneigte Leser sofort ersehen wird, daß Freiligrath nicht nur theoretisch, sondern auch praktisch ein Maurer war:

Jedwede Zeit hat ihre Wehen,
Ein junges Deutschland wird ersteh'n
Unscheinbar ist des Geistes Wehen
Und vorwärts kann die Zeit nur geh'n.
Allein der Schlamm nicht der Gemeinheit
Gebiert was edel und was recht,
Nur aus der Wahrheit und der Reinheit
Ersteht was fördert ein Geschlecht.

———

Und sorge, daß Dein Herze glüht
Und Liebe hegt und Liebe trägt,
So lang ihm noch ein ander Herz
In Liebe warm entgegenschlägt.
Und wer Dir Deine Brust erschließt
O tu' ihm, was Du kannst, zu Lieb
Und mach ihm jede Stunde froh
Und mach ihm keine Stunde trüb.

———

Am Baum der Menschheit drängt sich Blüt' an Blüte,
Nach ew'gen Regeln wiegen sie sich drauf;
Wenn hier die eine matt und welk verglühte,
Springt dort die andre voll und prächtig auf.
Ein ewig Kommen und ein ewig Gehen
Und nun und nimmer träger Stillstand!

Wir sehn sie auf, wir sehn sie niederwehen
Und ihre Lose ruhn in Gottes Hand!

Es mag hier noch zum Schluß erwähnt werden, daß auch die innige Freundschaft, die Ferdinand Freiligrath mit dem 24 Jahre jüngeren genialen Lyriker Emil Rittershaus, bekanntlich gleichfalls Logenbruder und Verfasser der in so zahlreichen Auflagen verbreiteten „Freimaurerischen Dichtung" und „In Bruderliebe und Brudertreue", Jahrzehnte hindurch verband, zum nicht geringen Teile auf die beiden gemeinsamen freimaurerischen Gedanken und Bestrebungen zurückzuführen sein dürfte.

Der Kampf der Ultramontanen gegen das Maurertum

Seitdem das Zentrum im Parlament wieder Trumpf ist und im blau-schwarzen Block eine hervorragende Rolle spielt, führt sein Berliner Organ, die „Germania", eine sehr laute Sprache. Das Blatt hält furchtbare Musterung und flucht.

Die „Germania" führte vor einiger Zeit wieder einmal einen grotesk-komischen Kampf gegen das deutsche Freimaurertum, das sie der widersinnigsten Vergehen beschuldigte. Wenn sie die Macht und das Geld hätte, würde sie voraussichtlich einen riesigen Scheiterhaufen errichten lassen, um sämtliche Freimaurer und deren Gesinnungsgenossen darauf „zur größeren Ehre Gottes" verbrennen zu lassen. Da so etwas im zwanzigsten Jahrhundert jedoch leider nicht mehr so leicht geht wie im wunderschönen Mittelalter mit seinen niedrigen Holzpreisen, so werden die politisch harmlosen Freimaurer wenigstens publizistisch langsam geschmort.

Bei diesem Privatvergnügen fiel das Blatt in seiner Nummer 92 auch über Kaiser Wilhelm I. in seiner Eigenschaft als Freimaurer und Beschützer des Ordens her und behauptete über ihn Dinge, die mir nichts dir nichts aus der Luft gegriffen waren. Das Zentrumsorgan schrieb, daß Kaiser Wilhelm I. dem internationalen Freimaurerkongreß in Mailand persönlich beigewohnt habe, was um so mehr hätte auffallen müssen, als dieser Freimaurerkongreß in Wirklichkeit nichts anderes als eine Verherrlichung der Revolution in einem ihrer „widerwärtigsten" Vertreter, in — Garibaldi, gewesen sei. Die ganze Situation, wie die stillschweigende Haltung, die Kaiser Wilhelm auf diesem Kongresse beobachtete, haben „eine bedauerliche Demütigung des monarchischen Prinzips zugunsten des revolutionären und dadurch eine Propaganda für das revolutionäre Prinzip enthalten".

Von dem in Deutschland römische Interessen vertretenden Blatt hätte man füglich erwarten dürfen, daß es in der römischen Geschichte der neueren Zeit einigermaßen Bescheid weiß. Das ist aber nicht der Fall. Es ist absolut unwahr, daß Kaiser Wilhelm I. anläßlich seines Besuchs beim König von Italien in Mailand im Oktober 1875 einem internationalen Freimaurerkongreß beigewohnt habe. Ebenso ist es durchaus erfunden, daß in seiner Gegenwart Guiseppe Garibaldi verherrlicht und der Kaiser die Glorifikation des Revolutionshelden stillschweigend angehört habe.

Diese Behauptung der „Germania" ist ungefähr so unsinnig, als wenn wir schreiben wollten, daß der Papst an einem evangelischen Kongreß in Berlin teilgenommen und Martin Luther verherrlicht habe.

Dementierte nun auch später die „Germania", der Not gehorchend und nicht dem eigenen Triebe, ihre Behauptung, daß Kaiser Wilhelm I. an dem angeblichen Freimaurerkongreß zu Mailand im Oktober 1875 teilgenommen, so unterließ sie es doch nicht, ihn aufs neue in seiner Eigenschaft als Freimaurer und Protektor des Maurertums anzuzapfen und sich dabei komischerweise zum berufenen Richter und Oberzensor über monarchische Gesinnungen aufzuspielen.

Es ist erklärlich, daß eine publizistische Vertreterin des modernen Jesuitismus gegen einen Orden, der die Freiheit des Glaubens, des Gewissens und der wissenschaftlichen Forschung anerkennt, der jede aufrichtige und selbstlose religiöse Überzeugung achtet und die Verfolgung Andersgläubiger aufs entschiedenste verwirft, aus dem Grunde ankämpft, weil dadurch dem Klerikalismus und Ultramontanismus die eigentlichen Wurzeln seiner im Fanatismus bestehenden Kraft untergraben werden. Die „Germania"-Hetze gegen die Freimaurer ist ein neuer Beweis dafür, daß die Kaplanspresse nichts gelernt und nichts vergessen hat, und daß sie sich wieder in die Zeiten des Kulturkampfes zurücksehnt, um aufs neue die Gemüter des katholischen Volkes aufzuhetzen.

Weiß die „Germania" nicht, oder **darf** sie es nicht wissen, daß es einst katholische Priester gegeben hat, die nicht allein dem Maurertum sympathisch gesinnt waren, sondern ihm sogar als Mitglieder angehörten! Es war dies, wie Reinhold Taute in einer im vorigen Jahre erschienenen, auf Urkunden gestützten Schrift „Die katholische Geistlichkeit und die Freimaurerei" ausführt, besonders die Periode nach der Aufhebung des Jesuitenordens durch den aufgeklärten Papst Clemens XIV., als in

Preußen auf protestantischer Seite der Geist Friedrichs des Großen und in Österreich auf katholischer Seite die Toleranz Josefs II. herrschte. Die von dem Druck des Jesuitenordens befreiten Weltpriester, Mönche, Pfarrer, Kapläne, Äbte und Pröpste atmeten erleichtert auf und wurden in jener goldenen Ära des konfessionellen Friedens in vielen Ländern und an vielen Orten eifrige Förderer humaner Anstalten jeglicher Art. So zählte zum Beispiel die Freimaurerloge „St. Andreas zu den drei Seeblättern" in Hermannstadt hervorragende katholische Priester zu ihren Mitgliedern. Auch sie trugen den Maurerschurz und beteiligten sich lebhaft und aus vollster Überzeugung an der Freimaurerei. Den Bestand der 1776 in Mainz gestifteten Loge „Zu den drei Disteln" bildeten außer sonstigen angesehenen Männern hauptsächlich Domherren, Äbte und Mönche. Die 1778 in Münster unter dem Namen „Friedrich zu den drei Balken" gegründete Loge erhielt ihren Namen Friedrich zu Ehren ihres Protektors, des 1784 gestorbenen Fürstbischofs Maximilian Friedrich. Zu den Stiftern dieser Loge gehörten fünf Beamte des bischöflichen Hofstaates, sechs Domherren, drei katholische Geistliche, zwei bischöfliche Räte und fünf bischöfliche Offiziere. Nach dem gedruckten Mitgliederverzeichnis vom 12. Oktober 1818 war „Marschall Vorwärts", Fürst Blücher, Meister vom Stuhl und zählte diese Loge unter ihren 113 ordentlichen Mitgliedern einen Domherrn und sechs weitere katholische Geistliche. Die Loge „Friedrich zu den drei Balken" in Münster beteiligte sich 1841 am Bau einer katholischen Kirche in Gummersbach und feiert noch heute den Namenstag des Bischofs, den 12. Oktober, „Maximilian" als Stiftungstag. In den Hildesheimer Logen war die katholische Geistlichkeit neben der evangelischen in der Zeit von 1762 bis 1845 zahlreich vertreten. Der Loge „Friedrich zum goldenen Szepter" in Breslau gehörten bis zum Jahre 1827 mehrere katholische Pfarrer an. Die Loge „Le Secret des trois Rois" in Köln zählte noch Anfang des vorigen Jahrhunderts Domherren, Räte des Erzbischofs und andere katholische Geistliche, darunter den Pfarrer der Parochie, Balkhausen, zu ihren Mitgliedern.

Die Wiedereröffnung der Loge „Karl zu den drei Rädern" in Erfurt, die 1787 unter Mitwirkung des späteren Kurerzkanzlers und Fürst-Primas Dalberg gestiftet worden war, erfolgte am 22. Oktober 1803 im Peterskloster in der Wohnung des Prälaten und Abtes Placidus Muth, und im Jahre 1808 bezog diese Loge gegen mäßigen Zins einen Flügel des dem katholischen Stift Beatae Mariae Virginis gehörigen ehemaligen weihbischöflichen Hauses. Als die Loge 1837 ein eigenes Besitztum erwarb, gab das katholische Domkapitel dazu ein Darlehen von 4000 Talern gegen einen außerordentlich geringen Zinsfuß. Am Mittelrhein war noch in den dreißiger Jahren des vorigen Jahrhunderts ein katholischer Pfarrer Meister vom Stuhl. Auch in den Logen zu Aachen, Fulda, Glogau, Gnesen, Hannover, Ingolstadt, Mannheim, Minden, München, Nordhausen, Paderborn, Passau, Posen, Regensburg, Straßburg und in vielen anderen Städten war die katholische Geistlichkeit mehr oder minder zahlreich vertreten.

In jener Zeit sah man Theologen aus beiden Lagern in friedlicher Arbeit unter Beiseitesetzung der trennenden Momente zusammenwirken. Es war nichts seltenes, daß die Logen katholische Kirchen und Schulen unterstützten. So wurde zum Beispiel die Orgel der katholischen Kirche zu Neuwied 1778 von Freimaurern gestiftet, die Loge „Zu den drei Degen" in Halle a. S. half bei Gründung einer katholischen Schule für die dortigen armen Kinder. Die Kölner Loge hat noch bis in die neuere Zeit Studierende der katholischen Theologie unterstützt.

Sogar ein Exjesuit, der bekannte schalkhafte Dichter, Verfasser der travestierten Aeneide, Aloys Blumauer, war Freimaurer und zwar Mitglied der Wiener Loge „Zur wahren Eintracht". Er gab eine Sammlung von Freimaurergeschichten heraus, war am Wiener Journal für Freimaurer beteiligt und hinterließ eine Anzahl Freimaurerreden.

Schon die wenigen hier angeführten zuverlässigen Daten sprechen eine beredte, ernste und überzeugende Sprache gegen den antihumanen Konfessionalismus der Jesuiten und ihrer Organe von heutzutage, so daß ein weiterer Kommentar überflüssig erscheint. Jene geistlichen Würdenträger aller Art, die Freimaurer waren und sich zu den humanistischen Grundsätzen des Ordens bekannten, waren Männer von Talent und Verdienst, von Gewicht und Ansehen, namhafte Gelehrte.

Am 12. September 1886 sprach Kaiser **Friedrich** vor den versammelten Vertretern von mehr als dreißig Logen:

„Zwei Grundsätze bezeichnen vor allem unser Streben: Gewissensfreiheit und Duldung. An diesen lassen Sie uns festhalten mit unserer ganzen Kraft: Daß diese bei uns immer vollkommener werden, dazu lassen Sie uns alle Zeit mithelfen; nicht nur loben wollen wir diese Tugenden, sondern sie auch fleißig üben! Wenn wir also wirken, dann wird es wohl um uns, wohl um die Freimaurer stehen."

Gewissensfreiheit und Duldung — natürlich hat der Ultramontanismus von heute nicht eine Spur des Verständnisses für diese beiden Grundpfeiler eines modernen Staatswesens. Daher die sinnlose, verbohrte und friedenstörende Hetze gegen alles, was über den niedrigen Horizont der traurigsten konfessionellen Engherzigkeit hinausreicht!

Warum hassen denn eigentlich die deutschen Jesuiten Kaiser Wilhelm I. so leidenschaftlich?

Nur, weil er sich, wenn die Freimaurerei von Jesuiten und sonstigen Feinden geistiger Freiheit und Aufklärung, wie jetzt wieder einmal, schmählich angefeindet wurde, als echter und wahrer Freimaurer in seinem Gewissen berufen fühlte, das Werk der Freimaurer-Genossenschaft zu schützen und zu fördern. Noch als 80jähriger Greis hat der Begründer des Deutschen Reiches das Bekenntnis abgelegt, daß sein Herz noch immer warm für die Freimaurerei schlage. Er sagte damals das schöne Wort: „Ich bin der Maurerei im Herzen zugetan und wenn ich mich auch jetzt nicht mehr tätig an den Arbeiten beteiligen kann, so werde ich doch, solange ich lebe, ein warmes Interesse, Liebe und regen Sinn für die Sache behalten. Die Maurerei wird auch für die Folge bestehen und wenn versucht wird, von außen daran zu rütteln, so müssen wir dem widerstehen. Wir müssen auch an den Grundlagen festhalten, auf denen wir fundamentiert sind. Eine Vereinigung, welche sich nun einmal der Außenwelt gegenüber mit einem Geheimnis umgibt, muß dieses auch bewahren vor dem Eintreten fremder Elemente. Halten wir fest an den Satzungen, die uns überliefert sind und lassen wir es bei dem Alten, dann wird auch, solange wir Frieden und Ruhe in den Logen haben, deren Arbeit eine gesegnete sein."

Kaiser Wilhelm als Freimaurer wandte sein Interesse dem Orden gerade deshalb zu, weil sein liebevolles Herz in der Loge die Liebe für alle Mitmenschen und für alle Konfessionen erblickte. In einem sehr bemerkenswerten Erlaß, den er noch als Prinz von Preußen in seiner Eigenschaft als Protektor sämtlicher preußischer Freimaurer-Logen am 27. Januar 1847 an sämtliche Logen richtete, spricht sich in wohltuender Weise deutlich genug dieser sein leitender Gedanke mit den Worten aus: „Wenn der Maurer in seinem Heiligtum von der Bruderkette umschlungen daran arbeitet, den Verstand zu erleuchten und das Herz für die Tugend zu erwärmen, so muß er, aus diesem Kreise in die Welt hinaustretend, welcher er mit allen seinen Kräften angehört, überall, wo sich Gelegenheit hierfür zeigt, durch die Tatsache beweisen, daß die heiligen Lehren des Bundes sich in sein Herz gesenkt und dort reiche Frucht getragen haben. Er weiß, daß er nicht den Bundesbrüdern allein die freudigste Hilfe schuldig ist, er weiß, daß alle Menschen seine Brüder sind, daß er das Wohl aller, soviel an ihm ist, in bester Weise fördern soll."

Die „Germania", die jetzt Kaiser Wilhelm I. als Freimaurer anzutasten wagt, hat ganz und gar vergessen, daß z. B. der Kölner Dom, dieses künstlerisch-architektonische Wahrzeichen des katholischen Glaubens, aber zugleich auch der gothischen Kunst, teilweise durch freimaurerisches Geld und zwar auf Veranlassung des damaligen Prinzprotektors Wilhelm zustande kam, wenn auch dabei, wie der hohe Herr mit Recht hervorhob, nicht der konfessionelle, sondern der nationale Gesichtspunkt die entscheidende Rolle spielte! Am 19. April 1842 hatte er nämlich an die Große National-Mutterloge ein eigenhändiges Schreiben gerichtet, worin er den Logen warm ans Herz legte, eines der ehrwürdigsten Bauwerke deutscher Kunst, den Kölner Dom, nicht bloß zu erhalten, sondern auch weiter auszubauen und vollenden zu helfen. „In allen deutschen Gauen," so schrieb er wörtlich, „selbst im fernsten Ausland, wo irgend die deutsche Zunge die Stammesgenossen vereinigt, ist das Vorhaben als öffentliches Zeichen einträchtigen Sinnes und christlicher brüderlicher Liebe, welche durch lange schädlich einwirkende Zeitverhältnisse nur verdunkelt erschien, mit lauter Freude und warmem Eifer begrüßt worden."

Der neueste ultramontane Verstoß gegen die Freimaurerei und gegen Kaiser Wilhelm I. erinnert mich an das chauvinistische Vorgehen der verblendeten französischen Freimaurer von 1870, die den Kaiser und den Kronprinzen Friedrich Wilhelm, den späteren Kaiser Friedrich, in Acht und Bann taten. 10 Pariser Logen hatten damals, ohne Gefühl für Wahrheit und Gerechtigkeit und lediglich ihrem Fanatismus folgend, sich herausgenommen, am 16. September 1870 in einem Manifest den König von Preußen und den Kronprinzen unter den gehässigsten Beschuldigungen zu verfehmen, weil sie angeblich durch den Krieg gegen Frankreich ihre Maurerpflichten verletzt hätten. Wie jetzt das Treiben der „Germania", soviel ich beurteilen kann, von der deutschen klerikalen Presse nicht desavouiert wird, so hat auch damals das dreiste Manifest seitens des Ordensrats des Grand Orients von Frankreich keine Zurückweisung erhalten. Erst als sich aufrührerische französische Scharen unter freimaurerischem Banner auf Seiten der Kommune am Straßenkampf zu Paris vom 29. April 1871 beteiligt hatten und nachdem am 24. Mai des genannten Jahres die Truppen der Kommune von den Regierungstruppen aufs Haupt geschlagen worden waren, sprachen neun Mitglieder des Ordensrates des Grand Orients von Frankreich ihre Mißbilligung darüber aus, daß französische Freimaurer unter Verletzung der Gesetze der Maurerei an den Straßenkämpfen sich beteiligten, dabei zugleich erklärend, daß die meisten jener Freimaurer gar nicht unter der Oberleitung des Grand Orients von Frankreich stünden.

Jedenfalls hat jeder Deutsche die moralische und vaterländische Pflicht, Verwahrung gegen das Treiben der „Germania" und ihrer Hintermänner einzulegen und dafür zu sorgen, daß das jedem Deutschen so teure und erhabene Charakterbild des Monarchen und Menschen, des erhabenen Maurers Wilhelm I., nicht durch jesuitische Erfindungen und Verdächtigungen entweiht werde!

Die Freimaurerei und die Frauen.

Die Frage, warum Frauen nicht ordentliche bezw. stimm- und wahlberechtigte Mitglieder einer Loge sein können, beschäftigte früher wie jetzt schon vielfach die verehrten Gattinnen der Herren Logenbrüder und gab wiederholt Anlaß zu mehr oder minder interessanten und anregenden Bemerkungen und Auseinandersetzungen. Daß diesem Problem schon unsere Altvorderen ihre Aufmerksamkeit widmeten, bestätigt eine amüsante Vorlesung, die ein Ordensbruder vor 25 Jahren am St. Johannisfest 1786 in einer Freimaurerloge an die zum Abendessen geladenen Gattinnen der Mitglieder gehalten hat. Dieser scherzhafternste Vortrag, der gewiß noch in der Gegenwart von aktuellem Wert sein dürfte, ist fast gar nicht bekannt geworden, denn er befindet sich an einer versteckten Stelle einer längst eingegangenen, aber einst sehr blühenden Zeitschrift, nämlich in dem von dem berühmten Dichter Br. Christian Martin Wieland geleiteten „Teutschen Merkur" in Weimar und zwar im Juliheft S. 55 ff. Wir teilen diese auch vom kulturhistorischen Standpunkt reizvolle Arbeit hier wörtlich mit:

Verehrungswürdige Schwestern! Weil wir heute einmal so glücklich sind, unsere Loge durch Ihre Gegenwart geziert zu sehen, so hat mir unser hochw. M. v. St. das ehrenvolle Geschäft übertragen, Sie auch mit einer Vorlesung über einen maurerischen Gegenstand zu unterhalten. Ich sehe nun Ihre uns so angenehme Erscheinung in unserm geschlossenen Kreise als einen Beweis an, daß Sie keine ungünstige Meinung von unserm Orden hegen: und ergreife daher mit Vergnügen diese Gelegenheit, einem uns von Seiten des schönen Geschlechts oft gemachten Vorwurfe, der uns sehr empfindlich ist, zu begegnen; in der Hoffnung, Ihre Gütigkeit werde das ersetzen, was meinen Gründen vielleicht an Gewicht abgehen dürfte.

Dieser Vorwurf ist kein anderer, als der: „daß wir Freimaurer den holden Gefährtinnen unseres Lebens den Eintritt in unsere Gesellschaft versagen und wenn Ihnen sonst unser ganzes Herz offen steht, doch unsere Ordensangelegenheiten ihrer freundschaftlichen Teilnehmung entziehen zu müssen."

Daß dieses in der Tat ein Grundgesetz bei uns ist, kann und will ich nicht leugnen: ich bitte Sie vielmehr um geneigtes Gehör für die Gründe, die ich zur Entschuldigung desselben anführen werde und dann — um Gerechtigkeit, oder um gütige Nachsicht, wenn ich statt der Überzeugung, Sie durch meinen unberedten Vortrag etwa nur ermüden sollte.

Sie wissen, Verehrungswürdige, daß den Mann, der eines rechtschaffenen Weibes wert sein soll, verschiedene Tugend zieren müssen, die sich nicht gar leicht schwesterlich miteinander vertragen. Es hält z. B. schwer, daß die Sparsamkeit freygebig, die Güte gerecht, die Bedachtsamkeit fröhlichen Gemüts, die Verschwiegenheit offenherzig und die Offenherzigkeit verschwiegen sey. Und so grenzen auch die Gefilde der Tugend fast überall an das Gebiet des Lasters. Wie leicht kann nicht die Sparsamkeit Geiz, die Güte Weichlichkeit, die Gerechtigkeit Härte, die Verschwiegenheit Mangel an Vertrauen und die Offenherzigkeit Plauderey erzeugen? Ohne Leitung der Klugheit kommt man daher mit der wärmsten Tugendliebe oft in Gefahr Übles zu tun; und es ist nicht genug, daß man seine Pflichten kenne und liebe: man muß auch in jedem wirklichen Falle, die dem Scheine nach entgegengesetzten Tugenden zu vereinigen und die feine Grenzlinie zu halten wissen, über welche hinaus zwar aus Unrecht niemals Recht, aber aus Recht leicht Unrecht werden kann.

Diese Bemerkung, welche bey jeder menschlichen Tugend stattfindet, lassen Sie uns hier bloß auf die Offenherzigkeit und Verschwiegenheit anwenden.

Unter allen Verbindungen geht dem Manne gewiß keine näher ans Herz, als das süße, selbst von der Religion geheiligte Band, das sein treues Weib mit ihm verknüpfet. Der Gehilfin, die den Kummer und die Freuden des Erdenlebens mit ihm teilt, steht billig seine ganze Seele offen. Er lebt in ihr und sie in ihm. Ihr Glück ist das seinige und was Er leidet, leidet Sie. Auch hat sich das zarte Geschlecht wegen des ihm zuweilen vorgeworfenen Mangels an Verschwiegenheit längst gerechtfertigt. Wie oft wurden nicht schon die tiefsten Staatsgeheimnisse im weiblichen Busen sicher verwahret und wie oft wurde Krieg und Friede durch ein Paar schöne Augen in der Stille entschieden; indessen die Zeitungen vom Lobe staatskluger Minister widerhallten? — Und nur der Freymaurer darf sein Geheimnis nicht vor seiner Busenfreundin enthüllen, die ihm auch die kleinste Falte ihres zärtlichen Herzens aufschließt? Wird da nicht Verschwiegenheit zum Verbrechen, wo Offenherzigkeit so sehr Pflicht ist?

Sie sehen, V. Schw., aus dem, was ich gesagt habe, daß wir die Schwere dieses Vorwurfs fühlen. Hören Sie nun, ob folgende Verteidigungsgründe ihr das Gegengewicht halten.

In allen Verhältnissen des gesellschaftlichen Lebens erstreckt sich die Pflicht nie weiter, als genau bis zur Erfüllung desjenigen Endzweckes, der dadurch erreicht werden soll. — Wer mehr tut, als er soll, kann dadurch ebenso leicht schaden als nützen. So ist es mit der Offenherzigkeit auch beschaffen. So wahr es ist, daß die vertrauliche, unbefangene, gegenseitige Mitteilung der innersten Empfindungen und Gedanken liebender Seelen das größte Glück des Erdenlebens: so ist es doch eben dieser edle Hang des Menschen zu seinesgleichen, in so fern er mehrere in größere Gesellschaft vereinigt, selbst die Ursache, daß einer dem andern oft seine Meynungen, Absichten, ja selbst seine Empfindungen verbergen muß. Blos im rohen, thierischen Zustande, wenn ein Brodfruchtbaum ihm Nahrung und Obdach reicht und in der Kindheit, so lange die zärtliche Mutter seiner Nothdurft ungeheischt entgegengeht, kann der Mensch der Verschwiegenheit entbehren und das Herz, wie man sagt, auf den Lippen tragen. Sobald er aber Eigentum besitzt, sobald er seine Bedürfnisse und seine Kräfte kennt, sobald dem Mädchen die Puppe, dem Knaben der Kräusel anekelt und beyder Herzen einander entgegen reifen: sobald macht auch die Bewerbung mehrerer um denselben Vortheil Zurückhaltung und Verschwiegenheit nothwendig. Der Hausvater verbirgt nun seinem Nachbar die Absichten, worin ihm dieser zuvor kommen könnte; Mädchen und Jünglinge wählen den Mond und die Bäume des Waldes zu Zeugen der neuen Gefühle, die sich in dem höher schlagenden Busen entwickeln. So verhehlt denn auch jeder Staat mit Recht gewisse Gegenstände nicht nur vor seinen Nachbarn, sondern selbst vor seinen Bürgern. Der Staatsdiener legt seinem Herrn blos über die Verwaltung der öffentlichen Geschäfte, nicht über seine Familienangelegenheiten Rechnung ab; fast jedes bürgerliche Gewerbe hat seine Geheimnisse; und selbst im Reiche der Wahrheit giebt es Gegenstände, welche nicht allen Zeiten unverhüllt dargestellt werden dürfen — wo Offenherzigkeit schaden würde und wo Schweigen Pflicht ist. Selbst die innigste Freundschaft erfordert nicht, daß ein Freund dem andern alles entdecke, was er weiß, sondern bloß dasjenige, was den Freund und die Freundschaft selbst betrifft; und so ist es natürlicherweise in der noch engeren ehelichen Verbindung die Offenherzigkeit zwar strenge Pflicht: aber auch immer nur — in so fern sie sich auf die gemeinschaftliche Glückseligkeit der Ehegatten bezieht. Der Mann kann z. B. Amtsgeheimnisse haben und die Gattin kann die ihr anvertrauten Herzensangelegenheiten einer Freundin vor ihm verschweigen, ohne die zärtliche Liebe und Treue dadurch zu verletzen. Blos die Umstände können jedesmal entscheiden, ob Offenherzigkeit oder Verschwiegenheit Pflicht sey.

„Aber, werden Sie vielleicht sagen, in den angeführten Fällen sieht man den Nutzen des Geheimnisses und Gesetze, Obrigkeiten, Religion oder Vernunft gebieten, es zu verschweigen. Dagegen thun es die Frey-Maurer freywillig und man weiß nicht, was sie für Absichten haben? Wären sie gut und löblich, was brauchten sie dieselben in hieroglyphische Dunkelheit zu hüllen? Wer ist uns Bürge, daß eine Verbindung, die das Herz des Mannes so fest verschließt, es nicht endlich gar von seiner Gattin und ihren Kindern abziehen und wer weiß, an welches Phantom von überspanter Vollkommenheit heften werde; wenn anders die Tugend se sehr dabey im Spiele ist, als es das Ansehen haben soll?

So hat schon manche würdige Person Ihres Geschlechts über die Frey-Maurerey geurtheilt und der Orden ist freylich nicht so glücklich, sich deshalb auf die Thaten aller seiner viel zu zahlreichen Glieder berufen zu dürfen. Aber erlauben Sie, m. v. Schw., daß ich Ihnen einige die Sache erläuternde Fälle erzähle, ehe Sie auch den Stab über uns brechen.

In einer gewissen volkreichen und üppigen Stadt war zuletzt auch die Armuth in Wohlleben und Müßiggang versunken. Fleiß war keine Ehre, Betteln keine Schande mehr und die Unverschämtheit riß der wahren Not die Bissen, den ihr die Barmherzigkeit reichte, vor dem Munde weg. Polizey gab es damals noch nicht. Durch die ausgezeichnete Gutherzigkeit der wohlhabenden Einwohner wurde das Übel nur immer ärger. Da kamen diese miteinander überein, keine Wohltat mehr öffentlich auszuteilen. Dagegen legten sie die von ihnen zu Liebeswerken bestimmten Summen in eine gemeinschaftliche Kasse, bestellten in jedem Bezirk der Stadt einige Mitglieder der Gesellschaft zu Armenpflegern, welche die Noth ihrer Nachbarn in geheim erforschten und in den wöchentlichen Versammlungen Bericht davon erstatteten. Hier wurde über die zu leistende Hilfe reiflich beratschlagt; dann wurde sie von verborgenen Händen ausgespendet; und immer wurden Rathschläge für den Empfänger beygefügt, wie er sie am besten anwenden solle.

In der Folge erhielt die Statt eine ordentliche Polizey, welche den gesunden Bettlern Arbeit gab und die unvermögenden versorgte. Da schränkte sich die wohltätige Gesellschaft auf die heimlichen und schamhaften Armen ein und fuhr fort, ihre Gaben unbemerkt, gleichsam als einen von der Vorsehung selbst geschenkten Lohn der Rechtschaffenheit, auszuteilen. Durch ihre Verborgenheit vermied sie also den Überlauf mutwilliger Armen und verhinderte, daß die Schmeicheley, Verstellung und

Zudringlichkeit die dem wahren Dürftigen bestimmte Hilfe ihr nicht abdringen konnten. Die geretteten Unglücklichen dankten daher Gott desto inbrünstiger: weil sie die Hand nicht sahen, deren er sich zu ihrer Rettung bediente; und die Gesellschaft verursachte bey Leidenden, die der Hilfe wert waren, ebenso viel dankbare Freudentränen, als sie ihnen Thränen des Kummers abtrocknete. Und das alles in weit größerem Maaße, mit mehr Nutzen durch ihre Verborgenheit, als wenn sie ein Schild ausgehangen, oder ihre Werke auf offenem Markte verrichtet hätte. Konnte da wohl die Gattin auf den Mann zürnen, wenn er die der Gesellschaft versprochene Verschwiegenheit auch gegen sie beobachtete?

Nun ein anderer Fall. — Die Gesetze der Staaten haben eigentlich nur vorzuschreiben: was der Mensch nicht tun soll; damit keiner dem Andern im Verfolg der Glückseligkeit, die sie alle von selbst suchen, mehr hindere, als es der Vorteil aller notwendig erfordert. Der König trägt das Schwert, die Widerspenstigen zu strafen und den Zepter, um damit auf das große Ziel seiner Würde, die Glückseligkeit des Volkes, hinzuwirken. Aber jede einzelne gute Tat des Bürgers kann und soll er nicht mehr belohnen. Es ist genug, wenn die Gesetze gelten und wenn die Diener des Landes jedem Winke des Regenten treulich folgen. Auch belohnt sich in einem Lande, wo es so hergeht, jede Tugend selber und ein nützliches Talent bleibt nicht leicht ungeschätzt, wenn es nur tätig ist.

Aber es gibt doch stille unerkannte Tugenden

und Verdienste, wo wie es heimliche Not gibt; und mancher Keim menschlicher Güte und Größe verdirbt aus Mangel an Pflege.

Eine Anzahl kluger Patrioten eines gewissen Landes unternahmen es daher, der belohnenden Gerechtigkeit einen geheimen Tempel zu erbauen. Sie wurden einig, jeder in seinem Kreise sich ebenso emsig auf Kundschaft guter Gesinnungen und Thaten zu legen, wie das Spionenheer der berühmten Pariser Polizey im Auskehricht der Menschheit Verbrechen aufsucht. In den monatlichen Versammlungen legte jeder die schönen Früchte vor, die er nicht selten auf dem unangebautesten Boden eingeerntet hatte und keine Versammlung wurde ohne Freudenthränen über das Gute, das die einander so sehr verschreienden Menschen doch noch an sich haben, verschlossen. Es wurde dabey überlegt, wie die Täter des Guten am schicklichsten zur Standhaftigkeit zu ermuntern, oder wie ihr Beyspiel wenigstens am gemeinnützigsten zu machen wäre? Ein kleines Geschenk von unbekannter Hand, mit der Anzeige, warum es gereicht würde; ein zu rechter Zeit gethaner Vorschuß oder andere Unterstützung des Gewerbes; eine Empfehlung; ein aufmunternder Brief; eine freundliche Anrede von einem Vornehmern; eine beifällige Erwähnung in öffentlichen Blättern und andere dergleichen Mittel wurden immer auf solche Art angewendet, daß sich nach und nach im Lande die Meynung ausbreitete: Tugend und Geschicklichkeit wären daselbst in der That die sichersten Mittel, zu Wohlstand und Ehre zu gelangen, wie sie es überall seyn sollten. War je ein vorzüglich redlicher, geschickter und fleißiger gemeiner Bürger oder Bauer den Augen der Gesellschaft bis an seinen Tod verborgen geblieben und entschied nun erst die gerechte Stimme des Nachruhms seinen Werth: so begleitete dieser oder jener Vornehmer seinen Überrest noch zum Grabe.

Beyläufig zeigte die Erfahrung bey allen diesen Anstalten, daß die belohnende Gerechtigkeit eben keinen reichen Fonds bedürfe und daß die Großen eines Landes moralische Wunder tun würden, wenn sie nur öfter bedächten, was sie durch ein sanftes Wort, einen freundlichen Blick, eine geschriebene Zeile, über die Gemüter vermögen. Die Gesellschaft that solche Wunder mit wenig Kosten; jedoch nicht ohne vielen Eifer und guten Willen. Daß ihr aber nicht Gleißnerey für Frömmigkeit, Empfindeley für Empfindung, moralisches Geschwätz für Thaten, glänzende Laster für Heldentum verkauft werden konnten; davor war sie allein durch ihre Verborgenheit gesichert. Welches tugendliebe Weib würde nun nicht gern ein solches Geheimnis im treuen Busen ihres Mannes verschlossen lassen?

Mein dritter Fall ist dieser: Es gab Zeiten, wo gesunde Vernunft eine Sünde, Selbstdenken ein Hauptverbrechen war und wo die Wahrheit mit Feuer und mit Schwerdt verfolgt wurde. Glückliche Geister kamen ihr gleichwohl auf die Spur und fanden sich auf dem Wege zu ihrem Tempel; mußten sie sich nun nicht in Dunkelheit einhüllen und der Göttin des Lichts im Schatten der Nacht ihre Opfer darbringen? Mußten sie nicht die Jünglinge, die sie der Erleuchtung würdig achteten, zu einem unverbrüchlichen Geheimnis verpflichten? Und mußten sie nicht ihre gefahrvollen Arbeiten vor dem Zärtern Geschlecht verbergen, das in solchen unglücklichen Zeiten nur zu einem Verderben daran Theil nehmen konnte?

Es gab ferner im Lauf der Schicksale eines gewisses Volkes ein Jahrhundert der Inconsequenz und des Widerspruchs. Durch Gesetze war verordnet, was man glauben und nicht glauben sollte und an demselben öffentlichen Lehrstuhle, wurden widersprechende Lehrsätze, auch wohl beschworen und jedermann glaubte, was ihm beliebte. Was einem Menschen gut, nützlich oder angenehm sey, darüber befragte man seltener sein eigenes Gefühl und seine Vernunft, als die Meynung Anderer. Der Geist wurde nicht durch eigene Erfahrung und Anschauen der Dinge zur Erkenntnis allgemeiner Wahrheiten geleitet: sondern man trug die einmal in Worten und andern Zeichen in künstlerischer Ordnung aufgestellten Lehren und Meynungen aus Büchern in Köpfe und aus den Köpfen wieder in Bücher über; so daß einer viel reden und schreiben konnte, ohne es eben selbst deutlich zu denken oder zu empfinden. Der Buchstabe hatte den Geist getötet. Dabey waren die herrschenden Sitten den hergebrachten und autorisierten Meynungen oft so sehr zuwider, als dem gemeinen Menschenverstande. Alles predigte Tugend und Religion und die meisten taten, was ihnen am besten behagte und am wenigsten verwehrt war. Das Schild der Menschenliebe hing oft da aus, wo Undank und feiler

Eigennutz herbergte. Man war aber stillschweigend darin überein gekommen, im gesellschaftlichen Umgange alles das zu scheinen, was der Mensch seyn könnte und sollte und Täuschung gegen Täuschung um des Friedens willen gelten zu lassen. So waren im Menschen Empfindung, Gedanken, Neigung und Tat fast beständig im Widerspruche und kaum daß sich der stärkste auf sich selbst noch verlassen konnte.

Die Quelle dieses Zustandes war freilich keine andere, als die Natur des Menschen selbst, die ihn nur durch unmerkliche Stufen zu der ihm bestimmten Glückseligkeit gelangen läßt. Da diese nun auf dem Genusse seiner gesamten körperlichen und geistigen Kräfte und Fähigkeiten beruht; so sollte wohl der Staat sich eigentlich die Entwickelung der Kräfte bey den bürgerlichen, moralischen und religiösen Anstalten zum unmittelbaren Ziele setzen; indem der Genuß sich dann von selbst ergeben würde. Aber sinnlicher Genuß mußte bey der Bildung der Nationen, ebenso wie beim einzelnen Menschen als der natürliche Reiz zu geistiger Anstrengung vorhergehen. Das Kind thut für Zuckerwerk, was der Mann aus Ehrtrieb verrichtet. Deshalb begnügten sich die besten Staatsverfassungen anfänglich, ihren Gliedern Sicherheit des Lebens, Eigenthum und Erwerbs zu verschaffen und die Vielfältigung und den gegenseitigen Umtausch der Freuden und Bequemlichkeiten der Bürger untereinander und mit Freuden zu erleichtern. Darum führten sie das Geld als ein von der Staatsgewalt beglaubigtes Zeichen jedes veräußerlichen Genusses ein. Wer dieses besaß, konnte nun die sinnlichen Vergnügungen aller Art und selbst öffentliche Ehre und Achtung dagegen eintauschen. Hätten sie zugleich die Einrichtung getroffen, daß niemand anders, als durch Tugend und Geschicklichkeit und nach dem Maaße seiner dem Vaterlande geleisteten Dienste zum Besitz des Geldes hätte gelangen können; so wäre es eine treffliche Erfindung gewesen; aber die Einsichten der ersten Gesetzgeber reichten noch nicht so weit und sie konnten das nicht voraus sehen, was uns die Erfahrung und das Elend so vieler Jahrhunderte gelehrt hat. Sie ließen das Geld als ein Stück des Eigentums von einem verdienten Vater auf einen Taugenichts von Sohn fortleben; man konnte große Summen davon durch verwegene Handelsspekulationen, durch das Spiel, durch Betrug und Raub gewinnen und zuletzt kam es so weit: daß in der Regel, die gemeinnützigsten Verwendungen des Bürgers, daß wahre Aufopferungen fürs gemeine Beste unsichere Mittel wurden, es zu erlangen, als Laster und Missetaten — eine öffentliche Verführerin der Jugend konnte Schätze anhäufen, während daß Tausende ihrer redlichsten Lehrer am Hungertuche nagten. So mußte das Streben nach dem Zeichen, das den Genuß aufwog, überall das Streben nach der Kraft verdrängen, die ihn hervorbringen sollte; weil der vorhandene Schatz des allgemeinen Wohlseyns nicht mehr nach dem Maaße ausgetheilt wurde, wie jeder das Seinige dazu beitrug, sondern wie viel Geld er dagegen aufwiegen konnte.

Dieses bedünkt mich der eigentliche Sitz der

Krankheit eines Jahrhunderts zu seyn, das so inconsequent war, wie — was soll ichs verhehlen? — wie das achtzehnte, wie das Jahrhundert des Unglaubens und Aberglaubens — der Menschenliebe und des Menschenhandels — der Philosophie auf den Thronen und der belohnten Verrätherey, der Plusmacherey und der gefesselten Betriebsamkeit — der Aufwandgesetze und der Zahlenlotterien. Doch wer wollte die Widersprüche alle aufzählen?

Es kam dazu, daß die Großen durch die Staatsverhältnisse genötigt waren, sich immer in Bereitschaft zum Kriege zu halten und daß der Krieg mehr kostbare Maschinen und Geld, als Tapferkeit und Vaterlandsliebe erforderte. Daher denn auch die Finanz alle ihre Kunst aufbieten mußte, in die Staatskassen immer mehr hineinzuziehen und weniger herauszugeben; während daß eine zügellose Nachahmungssucht im Luxus alle Stände der Nation verleitete, mehr auszugeben als jeder einzunehmen hat. So erhielt das Zeichen einen höheren Werth als die Sache, die es bezeichnen sollte; Geld wurde die allgemeinste Losung und der Maaßstab der Talente und des Verdienstes.

Zu gleicher Zeit war aber die Aufklärung bey einem großen Theil der Nation so weit vorgerückt, daß man diesen Fehler einsah, ohne ihm jedoch abhelfen zu können; und dieses vermehrte die allgemeine Indolenz des Geistes und des Herzens. Religion mußte auf diese Art bei den meisten äußere Form, Tugend eine Floskel des Stils, Ehre eine wächserne Nase werden; Toleranz mußte man gegen Laster fast lieber als gegen Meynungen und

Lehrsätze beweisen. Jener Funken der Gottheit, der in jeder Menschenbrust glimmet, der Trieb, sich immer weiter und höher zu schwingen, konnte sich nur selten anders, als im Streben nach äußern Glanz und in der Unersättlichkeit der Sinne und der Phantasie zeigen. Doch ich will das Bild des inconsequenten Jahrhunderts nicht weiter ausmalen! So ist ihm schon am Profil anzusehen, daß es mit demjenigen, der sich erkühnt, das seyn zu wollen, mit dessen Schein sich andere begnügen, nicht sympathisieren kann; daß es wahrer Empfindung ein bedauerndes Achselzucken, tätiger Vernunft und Tugend Spott und Mißtrauen entgegengesetzt.

Müßten nun diejenigen, die in einem solchen Jahrhundert im Ernst Glückseligkeit in Selbstveredelung, Genuß in harmonischer Ausbildung der Kräfte suchen und den verlornen Zusammenhang zwischen Wissen, Wollen und Thun wenigstens wieder in sich herstellen — müßten sie, wenn mehrere gleichgesinnte Seelen diesen schönen Pfad betreten und einander auf demselben brüderlich die Hand reichen wollen, die sich nicht vor den höhnischen und argwöhnischen Blicke der Menge verbergen? Müßten sie nicht selbst aus ihrer Bemühung richtiger zu denken und handeln zu lernen, als der große Haufe, ein Geheimnis machen? Würden sie nicht wenigstens wohl daran tun? Gäbe es nicht gegründeten Verdacht wider ihre Absicht und Anlaß sie zu vereiteln, wenn sie dieselben ausposaunen ließe? Und es ist dem Urheber guter Thaten nicht genug, sie verrichtet zu haben? Dem Glücklichen, sich am Busen seines Freundes seines Glücks zu freuen?

Sie sehen, v. Schw., daß es in diesen vier Fällen, dergleichen sich leicht noch mehrere angeben ließen, in der Tat nützlich genug gut seyn würde, die strengste Verschwiegenheit zu beobachten.

Ich will und kann nun zwar nicht sagen, ob die Frey-Maurerey sich mit ähnlichen Gegenständen beschäftigt; aber wenn sie doch überhaupt nur löbliche Absichten hätte, wobey die Verschwiegenheit so nützlich wäre, als in den angeführten Fällen: könnten sie es wohl Ihren Ehegatten als einen Mangel an der Ihnen schuldigen Offenherzigkeit zur Last legen, wenn sie ihr Geheimnis vor Ihnen verborgen hielten? Könnten sie den Mann mehr lieben, dem sein bey einer guten Sache gegebenes Wort nicht heilig wäre? Und wenn ihnen einige Zweifel übrig bleiben sollten, wird Sie der Umstand nicht beruhigen, daß Männer von ausgemachter Rechtschaffenheit und geprüftem Verstand, wie z. B. ein von Born, kein Bedenken tragen, sich bey Gelegenheit öffentlich vor der Welt zur Maurerey zu bekennen? —

Ich hoffe in der Tat, Sie durch alles dieses mit unserer Verschwiegenheit ausgesöhnt zu haben; und daß es nicht schicklich sei, beide Geschlechter in Eine Gesellschaft, welche geheim sein und bleiben soll, zu vereinigen; das darf ich nach dem eben entworfenen Schattenrisse des Geistes unserer Zeit wohl nicht weiter beweisen.

Aber erlauben Sie, v. Schw., daß ich auf die Gefahr, Sie zu ermüden, nur noch Einen möglichen Fall aufstelle.

Es war ein Land, wo das schöne Geschlecht

der Nachahmung ausländischer Moden, Sitten und Manieren sehr ergeben war; und das männliche nicht weniger. Ein benachbartes listiges und geschmeidiges Volk hatte durch die ihm eigene Geschicklichkeit, sich und seine leichte Waare geltend zu machen, das Monopol des Geschmacks im geselligen Leben erschlichen. Man konnte nicht anständig wohnen, gekleidet seyn, sich geberden, sprechen, auch wohl denken, als nach dem Modell dieser Nation. Und doch war sie im Charakter so sehr von ihren Nachahmern verschieden, daß ihre Artigkeit bey diesen leicht in Ziererey, ihre Sorgfalt für Kleinigkeiten in Steifheit, und ihr ungezwungenes Wesen in Unanständigkeiten ausartete. Dazu wurden auch nicht die Sitten des Landes überhaupt, sondern der ungeheuren in Luxus, Verdorbenheit und Elend versunkenen Residenz zum Muster genommen. Von diesem erhielten die gutwilligen Nachbarn für ihr baares Geld Kleider und Putzwerk von allen Formen, immer eine wunderlicher als die andere, und ließen sich durch übergelaufene Putzmacher, Haarkräuseler, Schneider, Tanzmeister dieses Volkes in dem Wahne unterhalten; es sei in der Welt nichts schön und geschmackvoll, was nicht aus den Händen ihrer Landsleute herkäme. Das Schlimmste war, daß man auch den Töchtern durch ausländische, theuer bezahlte Erzieherinnen mit einer fremden Sprache, fremde Sitten und Gesinnungen einzwängen ließ, und daß man die Söhne nach der fremden Residenz schickte, um sie daselbst für ihr Vaterland bilden zu lassen. Unter diesen Umständen kam es soweit, daß man nicht mehr trug, was Gesicht und Wuchs am schönsten kleidete, oder was man am bequemsten fand: sondern immer — was bey diesen Nachbarn eben Mode war; Farbe und Schnitt mochten so häßlich oder so unbequem seyn, als sie wollten. So hielt man es auch mit der Auszierung der Gebäude und der Form der häuslichen Gerätschaften. Die Mode erlangte gleichsam eine gesetzgebende Gewalt und die Ehrfurcht gegen ihre Vorschriften stieg so hoch und sie änderte solche so oft ab, daß die Gelehrten es sogar für nötig hielten, ihren Umlauf durch eigene Kalender und Journale zu beschleunigen. Die Folge davon war — eine so ansehnliche Vermehrung des Aufwandes, daß viele junge Männer deshalb dem Glücke entsagen mußten, sich mit einer geliebten Gattin zu verbinden und dem Staate junge Bürger zu erziehen. Auch benahm die Aufmerksamkeit auf eine Menge von der Mode wichtig gemachter Kleinigkeiten der gesellschaftlichen Unterhaltung beyder Geschlechter fast allen Reiz. Sie trennten sich in besondere Cotterien. Das männliche Geschlecht verlor dadurch an Feinheit und geselliger Munterkeit und das weibliche machte aus der ihm sonst natürlichen Gewalt über die Männerherzen, um sie ferner zu behaupten, ein künstliches Studium, auf welche die besten Jahre des Lebens verwendet und wodurch doch meistens nur die Außenseite zum Reiz der Sinnlichkeit gebildet wurde; der übrigen schlimmen Folgen dieser falschen Richtung, der Geselligkeit für den Geist, für das Glück des häuslichen Lebens und für die Nachkommenschaft nicht zu gedenken.

Die Mode hätte dieses Land der Nachahmung durch ihr launisches Regiment beinahe in einen Bankrot an Herz und Geist, so wie sie an Gut und Habe gestürzt.

Da faßte ein edles Weib, ausgerüstet mit Verstand und hohem Mut, wie mit Schönheit und Grazie, und von einem Range, der ihr einiges Gewicht über ihre Zeitgenossinnen gab, den großen Gedanken, die Tyrannin vom Throne zu stoßen, und ihre zierlichen Fesseln zu zerreißen. Sie versammelte eine Anzahl weiblicher Seelen, die eines solchen Gedankens auch wert und fähig waren, in einen schwesterlichen Kreis. Sie entwarf einen Plan, wie die Verbundenen einander gegenseitig in der höhern Bildung ihres Geistes und Herzens beistehen, dem gesellschaftlichen Umgange mehr innern Gehalt und die verlorne Herzlichkeit wieder geben, das rechte Verhältnis zwischen beiden Geschlechtern wieder herstellen könnten. Unter den Gesetzen, denen sich die Gesellschaft freiwillig unterwarf, war eins; daß die Ordensdamen sich nicht nach den veränderlichen Befehlen der Mode, auch eben nicht nach einer vorgeschriebenen Nationaltracht oder Uniform: sondern nur jede nach ihrem freien Belieben kleiden, und daß sie dabei auf wahre Schönheit im Anzuge ebenso wohl, als auf Reinlichkeit, Bequemlichkeit und Ersparnis sehen sollten. Ein anderes Gesetz gebot: daß sie in den Versammlungen nie ohne ein Kleidungsstück von eigener Arbeit erscheinen sollten. Eins untersagte die Erziehung der Töchter durch Ausländerinnen, bei Strafe der Ausschließung. Den schmutzigen Händen eines Friseurs durfte keine Schwester ihr Haar, und seinen leichtfertigen Blicken ihr Morgengewand nicht Preis geben. — Doch dies waren alles nur Nebendinge. Der große Plan ging unmittelbar auf höhere Veredelung der weiblichen Seele, um ihr unsterbliche Reize zu geben, die nicht mit der Rose aufblühen und wieder dahinwelken.

Und — soweit es die menschliche Unvollkommenheit gestattet — gelang es dadurch: „daß die verbundenen Schwestern einander am Altar der Tugend unverbrüchliche Verschwiegenheit zugeschworen, und ihren Eid hielten".

Als nun in diesem sclavischen Lande der Nachahmung auf einmal eine edle Frau nach der andern hervortrat, die das ausübte, was in den geheimen Versammlungen beschlossen worden war, die sich ohne viel Redens davon zu machen, standhaft über Vorurteile hinwegsetzte; weil sie auf den Beistand ihrer zahlreichen geheimen Freundinnen rechnen konnte: so kehrte Wohlhabenheit und süßer Friede in viele Haushaltungen zurück, wo bisher glänzendes Elend und verbissener Unwille an der ehelichen Zärtlichkeit genagt hatten. Die Männer fanden die beste Erholung von ihren Arbeiten fürs Vaterland wieder an der Seite ihrer Gattinnen und im frohen Kreise ihrer Kinder. Die Söhne strebten durch Enthaltsamkeit und feine Sitten einmal eines edlen Weibes würdig zu werden. Die Töchter wurden wie die Mütter, und wer ein gutes Weib haben wollte, wußte die Familien, wo der Ordensgeist herrschte, zu finden, als ob er die geheimen Kennzeichen der Gesellschaft verstanden hätte. Ja, die vielen Beispiele würdiger Gattinnen und Jungfrauen verbreiteten ihren wohltätigen Einfluß bald über das ganze Land. Daß sich dadurch auch die Sitten des männlichen Geschlechts veredeln mußten, läßt sich schon daraus abnehmen, daß die verbundenen Schönen den Grad der Gefälligkeit und Gunst, die sie Mannespersonen erwiesen, immer nach der Achtung abzumessen suchten, die jeder verdiente.

Doch ich brauche die herrlichen Früchte, welche diese Verbindung natürlicher Weise hervorbringen mußte, vor einer Versammlung wie die gegenwärtige ist, nicht umständlich zu entwickeln. Ich kann es, v. Schw., Ihren eigenen Herzen überlassen.

Nur dieses muß ich noch einmal anmerken: der schöne Plan kam blos dadurch zur Wirklichkeit: daß die verbundenen Schwestern die strengste Verschwiegenheit dabei beobachteten. Hätte ihn die hundertzüngige Frau Fama austrompetet, ehe er zu einer gewissen Fertigkeit gelangte: so hätte die Verleumdung ihren gelben Zahn daran versucht, und er wäre im Entstehen schon vernichtet, oder zum tatenlosen Gepränge und Zeremoniel, wie so viele andere hochgepriesene Anstalten, herabgesetzt worden. Konnte nun wohl der Mann mit der Gattin, die einer so erhabenen Verbindung fähig war, zürnen, wenn sie das versprochene Stillschweigen auch gegen ihn beobachtete? Ihre Taten und die Bekanntschaft mit einigen ihrer verbundenen Schwestern mußten alle Besorgnis aus dem Herzen des Glücklichen entfernen: ebenso wie weise Beherrscher der Staaten, die Freymaurerey ruhig bestehen lassen, wenn sie selbst, oder einige ihrer ersten Diener in den Geheimnissen eingeweihet sind.

Daß aber die Pforte dieses Tempels der weiblichen Veredlung unserm Geschlecht verschlossen sein und bleiben mußte, so lange sie geheim und hoch über den Stachel der Verleumdung erhaben bleiben sollte: bedarf wohl keines weitern Beweises.

Dieser so schöne mögliche Fall einer geheimen Verbindung der Besten Ihres Geschlechts mag daher die Verteidigung des maureryschen Geheimnisses beschließen. Ich hoffe nemlich, Sie dadurch überzeugt zu haben, daß die Offenherzigkeit, die der rechtschaffene Mann der lieben Gefährtin seines Lebens schuldig ist, nicht darunter leidet, wenn er die dem Orden versprochene Verschwiegenheit gegen sie beobachtet.

Den herzlichen Wunsch füge ich noch bei, daß jeder Freymaurer ein guter braver Ehemann und Hausvater sein möge, und die Versicherung, daß der Orden seinen Gliedern diese Verbindlichkeit zur heiligsten Pflicht macht. Ja! Sie können und sollen es wissen, verehrungswürdige Schwestern: „ein Mann, dem die Zufriedenheit seines Weibes und das Glück seiner Kinder nicht über alles am Herzen liegt, ist nicht werth, Freymaurer zu sein."

www.ingramcontent.com/pod-product-compliance
Lightning Source LLC
Chambersburg PA
CBHW032150010526
44111CB00035B/1431